Prof. h. c. Manfred Krames

GEFÄHRLICHE INTELLIGENZ

Wie genormtes Denken unser Leben zerstört

Ein Ratgeber bei Orientierungsverlust,
seelischen Krisen und schweren Entscheidungen

amadeus-verlag.com

Amadeus Verlag GmbH & Co. KG
Birkenweg 4
74579 Fichtenau
Fax: 07962-710263
www.amadeus-verlag.com
Email: amadeus@amadeus-verlag.com

Druck:
CPI – Ebner & Spiegel, Ulm
Satz und Layout:
Jan Udo Holey
Umschlaggestaltung:
Liisa Hakametsä
(liisahakametsa@gmail.com)

ISBN 978-398562-014-2

Inhaltsverzeichnis

TEIL 3 Wenn die Seele schreit

TEIL 4 Schmeiß den Spinat an die Wand

Geschrieben für
die vielen jungen Menschen
auf der Suche nach ihrem Selbst,
ihrem Platz im Leben und ihrer Berufung.
Haltet an euren Eingebungen und Visionen fest,
komme was wolle, und vertraut eurer inneren Stimme.

Ein ernstes Wort vorab

Soeben erfahre ich, dass mein Verleger Jan Holey, alias Jan van Helsing, mal wieder Besuch von der Kriminalpolizei hatte. Es ging um zwei neue Ermittlungsverfahren wegen des Verdachts der Volksverhetzung, da er auf seiner Nachrichtenplattform www.dieunbestechlichen.com zwei islamkritische Beiträge veröffentlicht hatte. Aufgrund seiner mutigen Veröffentlichungen im Bereich Regierung, Corona und Manipulationen seitens der Politik steht er seit vielen Jahren unter Bewachung.

Vorige Woche erfuhr ich von einer Ärztin in Sachsen, deren Praxis von Ermittlern durchsucht und auf den Kopf gestellt wurde, weil sie mehreren Patienten eine CoVid-Impfbefreiung ausgestellt hatte. Sie ist da kein Einzelfall. Ein beliebter Umweltmediziner in Trier wurde von mehreren Behörden gleichzeitig fertig gemacht, weil er herausfand, dass Schadstoffe am Arbeitsplatz einer großen Schuhfabrik an der Erkrankung seiner Patienten Schuld hat. Da die Fabrik ein wichtiger Arbeitgeber der Region ist, war er den Kommunalpolitikern ein Dorn im Auge. Nach einem zweijährigen Kampf und mehreren Zusammenbrüchen erlag der mutige Arzt einem Herzinfarkt.

Der normale Bürger weiß nichts von diesen Dingen, da sie nicht in der Tagespresse erscheinen. Er weiß auch nichts von den vielen Repressalien und Angriffen, die Journalisten und Regierungskritiker über sich ergehen lassen müssen, nur weil sie die Massen aufklären wollen. Solche Fälle habe ich im vorliegenden Werk *nicht* erwähnt, gibt es doch schon so viele andere Bücher und Hinweise über die Unterdrückung der Wahrheit in

Deutschland. Diktatorisches Zensieren gegen alle im Grundgesetz verankerten Freiheiten und Rechte nimmt in Deutschland eine Form an, wie es in der DDR kaum schlimmer war.

Was tun? Noch mehr kritische Beiträge im Internet anschauen? Noch mehr aufklärende Bücher lesen? Noch mehr hinterfragen? Die Unsicherheit der Bevölkerung ist groß, und wer sich zu sehr mit diesen Dingen beschäftigt, verliert das Gefühl von Sicherheit und Schutz – ein Nährboden für Angst und Hilflosigkeit. Das Vertrauen in die Politik ist ohnehin schon am Nullpunkt angelangt. Man bekommt Angst, hinter die Fassade zu blicken, weil die schreckliche Wahrheit nicht mehr verkraftet werden kann. Wie also damit umgehen? Die Augen verschließen und sich, zusammen mit den Massen, eine heile Welt vorgaukeln lassen? Einfach mitlaufen, so wie in allen Diktaturen?

Das muss jeder für sich entscheiden und mit seinem Gewissen vereinbaren. Die Kernfrage jedoch lautet: Welche Information ist wahr, welche manipuliert? Wer im öffentlichen Leben sagt die Wahrheit, wer lügt? Wem kann man heutzutage überhaupt noch vertrauen, wem Glauben schenken? Das fragen sich immer mehr Menschen. Ich gebe Ihnen die Antwort: Schauen Sie sich den Redner genau an. Fühlen Sie hinein in die Art und Weise, wie er sich ausdrückt, in seine Stimme, seinen Blick. Liest er vom Blatt ab oder spricht er von Herzen? Welche Ziele verfolgt er? Dann machen Sie die Augen zu, holen dreimal tief Luft und hören Sie auf das, was Ihr Herz Ihnen sagt. Vertrauen Sie Ihrem Gespür, Ihrer Ahnung, Ihrem Bauchgefühl – und Sie werden immer richtig liegen.

Damit hole ich quasi die Essenz des Buches vorweg, aber ich wollte Ihnen gleich zu Anfang sagen, worum es bei „Gefährliche Intelligenz“ geht. Die gefühlte „Intelligenz“ ist die einzige, der Sie vertrauen können, und dieser Hinweis kann im entscheidenden Augenblick Ihr Leben retten, und das Ihrer Familie.

Ich wünsche Ihnen von Herzen alles Gute und viele Erkenntnisse beim Lesen.

Ihr

Manfred Krames

Einleitende Worte

Gestatten Sie, dass ich mit der Tür ins Haus falle und gleich zu Beginn etwas feststelle. Immer mehr Deutsche leben in großer Sorge um die Zukunft und spüren, dass es so nicht weitergehen kann. Politische, wirtschaftliche und gesellschaftliche Entscheide aus Berlin geben Grund zur Sorge. Im neuen Jahrtausend machte uns ein Bundeskanzler abhängig von russischem Gas, da wird ohne Abstimmung eine neue Währung (Euro) eingeführt, da werden ohne Volksbefragung vier Millionen Flüchtlinge aufgenommen, während Bedürftige am Hungertuch nagen, da fließen viele Milliarden Euro nach Griechenland, wo das Rentenalter mit 55 Jahren einsetzt.

Gleichzeitig setzt eine soziale Unzufriedenheit ein, die eine neue Dimension erreicht: Pflegekräfte in Heimen und Krankenhäusern werden unterbezahlt und ausgenutzt, es werden gesundheitliche Schäden von Corona-Impfungen verschwiegen und die Aufklärer mundtot gemacht. Putin fing einen Krieg an, sodass ein Energieproblem die Preise abermals in die Höhe schießen lässt.

Auf derlei Skandale werde ich in diesem Buch nicht eingehen, gibt es doch schon viele andere Titel hierüber, geschrieben von brillanten Journalisten und Autoren. Was mir allerdings auffällt, ist der Umstand, dass es noch nie so viele Studierte in unserer Regierung gab. Nahezu der gesamte deutsche Bundestag besteht aus Akademikern, darunter viele Doktoranden und sogar Professoren. Selbst die AfD ist gut bestückt mit Doktoren. Die berechtigte Frage, die man sich stellen muss, lautet, ob dies der

Grund dafür sein kann, dass es uns so schlecht geht. Oder anders gefragt: Könnte die Art von Wissen, das man Führungskräften vermittelt, Grund für die Lage sein, in der wir uns befinden? Dann aber ist es Zeit, Wissen selbst einmal zu hinterfragen.

Diese Frage ist deshalb so wichtig, weil sie uns alle betrifft: Die hart arbeitenden Massen, die am Monatsende kaum noch Geld übrig haben, wie auch pflegebedürftige Senioren, die mit Schrecken daran denken, in ein Krankenhaus oder Heim zu müssen, wo sie wahrscheinlich von unzufriedenem, gestresstem, ausgelaugtem Personal notdürftig und mürrisch versorgt werden. Hoteliers und Gastronomen, die wegen der Energiekrise erneut ihre Preise heftig anheben müssen, sind ebenso betroffen wie auch die Jugend, die mit Argwohn in die Zukunft blickt. Sie alle haben ihr Vertrauen in die Regierung verloren, die aus lauter „klugen Köpfen" besteht.

Warum ich mich hiermit befasse? Ich mache mir unter anderem Sorgen um die Kinder, mit deren seelischem Leid ich mich als psychologischer Berater oft genug befasst habe. Deren geistig-seelische Gesundheit, aber auch deren Vertrauen in die Welt der Erwachsenen, ist drastisch geschrumpft. Als weltweit tätiger Experte auf dem Gebiet der Psychosomatik hatte ich in meinem Leben das außergewöhnliche Glück, von den Besten lernen zu dürfen. Da war meine Akupunktur-Lehrerin in Tokio, die mir ganzheitliches Diagnostizieren beibrachte, ein japanischer Professor für Alternativmedizin, der mir ein völlig neues Denken zeigte, ein indischer Meister in Ayurveda, der mich lehrte, dass unsere Zellen nichts vergessen, sowie zwei Zen-Meister, die mein intuitives Denken förderten. Denn sowohl der Buddhismus wie auch die traditionelle Medizin Asiens beruhen auf ein und demselben Grundsatz:

Ohne Ursachenfindung keine Heilung!

Man kann einem Patienten nur dann wirklich helfen, wenn man die Entstehung seiner Krankheit kennt. Das erlebte ich als Klinikleiter auf Sri Lanka und als Mitarbeiter einer Psychosomatik-Klinik in Tokio viele Male. Ohne Ursachenfindung kehrt jedes Problem zurück – auch jedes politische, soziale und ökonomische.

Durch zahlreiche Beratungsgespräche mit Krebskranken und Krebsgenesenen lernte ich, dass diejenigen, die den Grund ihrer Erkrankung erkennen, eine weitaus größere Überlebenschance haben als solche, die weder zum Nachdenken noch zum Umdenken bereit sind. Die meisten, die so weiterlebten wie vorher oder die ihre Verantwortung abgaben an Ärzte, liegen mittlerweile unter der Erde. Dies auf die Probleme unserer Zeit übertragen, bedeutet, dass wir nur dann eine Chance haben, wenn wir das Problem ganzheitlich erfasst haben und bereit sind zum umdenken.

Wenn Sie erkannt haben, wie die jetzige Lage entstand, wissen Sie automatisch, was zu tun ist, im Kleinen wie im Großen. Doch eins nach dem anderen. Zunächst sollten Sie wissen, warum Sie so denken, wie Sie denken, und warum wir ab Schulbeginn in eine bestimmte Richtung gedrängt werden.

Wenn man sich anschaut, welch schwierige Aufgaben ein zwölfjähriger Gymnasiast zu bewältigen hat in Mathe, Physik oder Chemie, kann einem beim Durchlesen deren Schulbücher schwindelig werden. Da hatten unsere Großeltern im selben Alter weniger Kopfschmerzen, denn hochspezielles Wissen wurde ihnen erst auf Universitäten und Fachhochschulen vermittelt, wofür sich damals nur wenige entschieden. Heutzutage muss man sich einem unheimlichen Leistungsdruck und Lernstress aussetzen, um an einen guten Numerus Clausus, sprich NC, zu kommen, ausschlaggebend für einen Studienplatz unserer Wahl. Und dann?

Dann geht's weiter mit Analysieren, Recherchieren, Diskutieren und intellektuellem Debattieren, bis die Köpfe rauchen. Wer im gigantisch großen Regierungsapparat der Bundesrepublik landen will, muss mit akademischen Leistungen und Zertifikaten beeindrucken, und wird dann, wenn er Glück hat, Referent oder Praktikant in einem Ministerium oder Amt, wo er mit weiterem theoretischen Wissen und mit Informationen bombardiert wird, muss Arbeiten schreiben, an Studien oder Umfragen teilnehmen, Papierkriege bewältigen und Kontakte knüpfen. Und vielleicht wird eines Tages aus ihm ein Wirtschaftsminister, so wie Robert Habeck, der nach Katar reiste, um Flüssiggas für Deutschland einzukaufen, wo doch jeder weiß, dass das ohne Pipeline nicht funktionieren kann…

Laut dem Statistischen Bundesamt in Wiesbaden von 2017 hatten 30% der 30 bis 34-jährigen Frauen einen Hochschulabschluss, doppelt so viel wie die Generation ihrer Mütter. (Heute wohl 45%) Seit 1971 stieg der Akademikeranteil von 2,8% auf 15,9% in 2018 – also auf das rund Sechsfache! 2022 lag die Studienanfängerquote bei 55%.[(1)]

Das Bildungsniveau von Frauen ist gegenüber Männern signifikant gestiegen, während der Anteil der Berufsausbildungen insgesamt deutlich sank, was bedeutet, dass die Tendenz Richtung akademischer Laufbahn weiter zunehmen wird.

Dennoch gehören realitätsfremde Entscheidungen zum Alltag in Berlin. Wenn also absurde Direktiven aus dem Bundestag kommen, die kontraproduktiv und eine Zumutung für das Volk sind, liegt das nicht am Fehlen von Wissen oder Intelligenz. Schließlich haben nahezu alle Regierungsmitglieder Abitur plus Studium. Frau Merkel hat den Doktortitel in Physik, Olaf Scholz ist studierter Jurist, Minister Lauterbach sogar Mediziner und Professor in Gesundheitspolitik an der Harvard University, USA. Nahezu der gesamte Bundestag besteht aus Akademikern, die eine Krise nach der anderen auslösen. Gehen wir letztendlich an Intelligenz zugrunde? Sterben wir alle am Akademikertum?

Nein, ich will kein Papier für all die Absurditäten in Berlin verschwenden. Stattdessen werde ich Ihnen beweisen, dass theoretisches Wissen weder zu Frieden noch zu Freude führt. Und nein, ich bin weder Pessimist noch Schwarzmaler, und vielleicht muss es ja einen Krieg geben oder eine Finanz-Katastrophe, damit wir von Null an beginnen und neu anfangen können – wie schon so viele Male zuvor. Dann aber frage ich mich, was die Überlebenden diesmal dazulernen und ändern wollen, denn das haben sich die Überlebenden voriger Kriege und Krisen ja auch geschworen. Sterben wir an Dummheit? Ist unsere Bildung bzw. die schulische Erziehung der Grund? Oder fehlt uns einfach nur das nötige Bewusstsein?

Wie sagte schon Buddha: *„Aus rechtem Verstehen entsteht rechtes Handeln."*

Lassen Sie uns also einmal analysieren, warum rechtes Handeln in der Welt fehlt, und warum keiner von uns so richtig glücklich ist. Am Ende des Buches werden Sie erkennen, dass nur ein radikales Umdenken zu Glück, Gesundheit und Erfolg verhelfen kann, und dass alles mit „rechtem Verstehen" zu tun hat. Schon jetzt garantiere ich Ihnen, dass Sie nach dem Lesen nie wieder derselbe sein werden! Wenn Sie davor Angst haben, geben Sie das Buch besser jemand anderem.

TEIL 1

Alles über Wissen, Verstehen und Bewusstwerdung

1.1. Ohnmacht durch Wissen?

„Wissen ist Macht“, wurde uns früher eingeredet. In der Tat, wer viel weiß, kann bei Günther Jauch 1 Million Euro gewinnen. (In den 70ern gab es „Der große Preis“ mit Wim Thoelke.) Wir lassen uns beeindrucken von Zeitgenossen, die viel wissen. In die Schule gehen wir, um viel Wissen anzuhäufen, auch wenn das meiste davon nie gebraucht wird. Also lassen Sie uns Wissen selbst einmal hinterfragen, ob es bessere Menschen aus uns macht, und ob es der Gesellschaft denn wirklich von Nutzen ist. Man sollte ja annehmen, dass Wissen vor Dummheit und Fehlern schützt. Oder?

Wie oft wurden uns in der Schule die Schrecken des Zweiten Weltkriegs vor Augen geführt, an dem angeblich die „bösen Deutschen“ schuld sein sollten. Jeder zweite Tag läuft auf irgendeinem deutschen Sender eine Dokumentation in Bezug auf Hitler, den Holocaust oder den Krieg. Doch wem nützt dieses WISSEN? Kaum eine TV-Produktion befasste sich bislang mit den wahren Ursachen, damit wir die Schuld nicht bei uns, sondern bei den Verursachern finden und mit neuen Erkenntnissen weiterleben können.

Statt die Probleme im Kern anzugehen und die Entstehungsgründe des Weltkriegs, die keinesfalls von Deutschland allein ausgingen(2), ganzheitlich zu erfassen, damit wir das Thema endlich ablegen können, wird permanent an der Oberfläche gekratzt und emotional aufgeputscht. Das geht so weit, dass man sich vor allem schämt, was irgendwie mit Hitler zu tun hat. In Trier befand sich 55 Jahre lang das beliebte Hindenburg-Gymnasium, eine erstklassige Adresse. Voriges Jahr wurde die Schule umbenannt in „Humboldt-Gymnasium". Warum? Weil Hindenburg dem bösen Hitler scheinbar den Weg geebnet hatte. Die Hindenburg-Straße in Trier wird aufgrund von Bürger-Protesten nun auch umbenannt ... nach über 80 Jahren!

Bei all dieser Schuld, die uns da eingetrichtert wird, und all dem WISSEN, dürfte es doch eigentlich keinen Krieg mehr geben, an dem Deutschland direkt oder indirekt beteiligt ist. Und doch beliefert Deutschland unter anderem Saudi Arabien mit Panzern und anderem Kriegsgerät. Ja, man lieferte sogar drei atombetriebene U-Boote an Israel, die gegen den Iran eingesetzt werden – ein Land, das Deutschland nie etwas Böses tat. Die Bundesregierung beteiligt sich sogar an den Produktionskosten, weil doch Israel laut Minister Steinmeier ein Freund und Verbündeter Deutschlands sei. Nein, es geht mir nicht um den ganzen Irrsinn in Berlin, sondern um die Frage, welchen Wert Wissen hat.

In den vergangenen 50 Jahren wurden über zwanzig Horror-Filme zum Thema tödliche Viren produziert. In Schreckenszenarien wird dargestellt, wie ein solches Virus entweicht und zu einer Bedrohung für die gesamte Menschheit wird. Einige dieser Hollywood-Produktionen wurden Kassenschlager mit vielen Millionen Zuschauern. Produzenten und Drehbuchautoren wie auch Virologen wussten von der potentiellen Gefahr, die durch unachtsame Forschung und Entwicklung entsteht. Nicht umsonst gibt es in deutschen Laboren und Forschungsinstituten, die mit gefährlichen Viren experimentieren, mindestens vier Sicherheitsschleusen für Mitarbeiter, bevor sie die Einrichtung verlassen dürfen. Alles ist hermetisch und luftdicht abgeriegelt und mit den teuersten Filteranlagen versehen.

Und obwohl alle von der drohenden Gefahr wissen, ließen chinesische Forscher ein Killer-Virus entweichen, das drei Jahre lang die Welt in Atem hielt und die Erdbevölkerung hätte auslöschen können. Experten zufolge war es sowieso eine Frage der Zeit, bis ein Desaster solchen Ausmaßes entsteht, denn BSE, Ebola, Vogel- und Schweinegrippe gab es bereits, mehrmals sogar. Trotz des Wissens(!) um diese Killer-Viren verbietet bislang kein Staat der Welt die gefährliche Forschung. Ein neues Killer-Virus kann jederzeit erneut ausbrechen. Was nutzt also das Wissen?

Das seelische Leid des deutschen Volkes nimmt indes groteske Formen an: extreme Zunahme an Depressionen und obendrein ständige, sich häufende Angriffe psychisch Gestörter auf Unschuldige, wovon man fast täglich hört. Ein Blutbad folgt dem nächsten. Politiker WISSEN um das seelische Leid der Bevölkerung, wiederholen aber lieber ihre Reden der Bestürzung und legen Kränze nieder.

Zur Erinnerung: Am 1. Dezember 2021 raste ein Auto in wilder Fahrt mitten durch die Innenstadt von Trier. Der Fahrer rammte nichtsahnende Passanten, hielt nicht, raste weiter, fuhr dabei einen Kinderwagen um, wollte noch mehr Einkäufer erwischen, sie in den Tod reißen … vor meinem Fenster. Die Bilanz: 6 Tote und 15 Verletzte. Der Amok-Fahrer war von dämonischen Wesen besetzt und selbst nicht mehr unter Kontrolle, was ich im Titel »Geistwesen« dokumentiert habe, doch darum geht es hier nicht. Was mich ärgerte, waren die hohlen Gedenkreden der Pfaffen und Kommunalpolitiker, die wieder mal nach Schema F abliefen, so als wären sie standardisiert vorgedruckt.

Ich kannte diese imposanten Mahnreden aus dem Fernsehen, wo sie in anderen Städten abgehalten wurden, mit fast dem selben Wortlaut, wo Bürgermeister die Tat verabscheuten, den Opfern Beileid aussprachen und schworen, dass es nie wieder passieren dürfe, und dass alles getan würde, um dies zukünftig zu verhindern. Und was war davor?

- 1913 verübte ein geistig verwirrter Lehrer einen Amoklauf, bei dem 5 Schülerinnen getötet, 23 weitere Personen teils schwer verletzt wurden.
- 1964 flambierte in Köln ein Frührentner mit einem Flammenwerfer 8 Schüler und 2 Lehrer. 20 weitere Kinder erlitten schreckliche Verbrennungen. Es war Horror pur.
- 1983 erschoss in Hessen ein Mann 3 Schüler, 2 Erwachsene und verletzte 15 weitere.
- 1999 und 2000 tötete ein Jugendlicher jeweils einen Lehrer. Ebenso 2002 in Freising, mit 3 Toten. Im selben Jahr gab es in Erfurt sogar 18 Tote durch den Amoklauf eines 19-Jährigen.
- 2009 wurden an einer Schule in Baden-Württemberg 9 Schüler und 3 Lehrer, und in Hamm, NRW, mehrere Schüler durch eine ähnliche Tat verletzt.
- 2020 kamen in Hanau 9 Bürger ums Leben durch die Tat eines Rechtsextremen. Vier Jahre zuvor starben 13 Personen auf dem Berliner Weihnachtsmarkt durch einen LKW-Fahrer, der absichtlich in die Menge fuhr (zahlreiche Verletzte). Und im selben Jahr schubste ein Asylant am

> Frankfurter Hauptbahnhof 2 Personen vor einen nahenden ICE, was einen toten Jungen und seine schwerverletzte Mutter zurückließ, nebst zahlreichen Traumatisierten am Bahnsteig. Die vielen Axt- und Messerangriffe in deutschen Bussen und Zügen der letzten drei Jahre liste ich gar nicht erst auf.

Obige Liste ist nicht vollständig und umfasst nicht die noch zahlreicheren Fälle anderer Länder. Gerade jetzt, beim Schreiben dieser Zeilen, erfahre ich von einem Amoklauf in Hamburg mit 9 Toten und mehreren Verletzten. Heute lese ich, dass ein 12-jähriges Mädchen durch 30 Messerstiche zu Tode kam – verübt von zwei gleichaltrigen Klassenkameradinnen. Und was machen wir mit diesem Wissen?

Doch es geht mir nicht um die Taten. Es geht mir darum, Ihnen vor Augen zu führen, dass WISSEN allein kein Umdenken auslöst. Alle Verantwortlichen haben WISSEN von den vorangegangenen Taten – die Polizei, die Staatsanwälte und Richter, die Reporter, Politiker, Rettungskräfte und natürlich die Geschockten, Angehörigen und Hinterbliebenen. Ihnen allen werden diese Handlungen permanent vor Augen geführt. Und was tut sich? Könnte es sein, dass unser Denken so konditioniert wird, dass es zum Erkennen von Problemen gar nicht geeignet ist? Könnte es sein, dass WISSEN mit VERSTEHEN rein gar nichts zu tun hat?

Wissen ist gespeicherte Information, das Aneignen einer Theorie, einer Formel, einer Gesetzmäßigkeit, einer Wiederholung von etwas, das andere vorgegeben und niedergeschrieben haben. Man kann damit ein Quiz gewinnen, Günther Jauch besuchen, Kreuzworträtsel lösen und Doktorarbeiten schreiben. Mehr nicht. Wer Medizin studiert, kennt die lateinischen Namen sämtlicher Muskeln, Knochen und Nervenbahnen, weiß eventuell, wie man eine Hyperthyreose oder Arrhythmie diagnostiziert, versteht aber nicht das Zusammenspiel zwischen Körper, Geist und Seele, was für ein nachhaltiges Heilen wichtig wäre. Dabei ist die medizinische Wissenschaft kontroverser als jede andere.

Seit über 60 Jahren hört man in den Medien immer wieder von neu erforschten Ernährungserkenntnissen, von gesunden Diäten und Speisen, welche diese oder jene Erkrankung heilen oder vorbeugen sollen – alles wissenschaftlich erarbeitet von Universitäten und Medizinern –, doch keine sechs Jahre später werden diese Vorgaben verworfen und gelten als ungesund. Nicht alle, aber es kommt sehr häufig vor.

Ich stelle mich nicht gegen die Schulmedizin insgesamt, die auch gute Seiten hat und der Versorgung der Massen dient. Doch das typisch zweidimensionale Denken, das Ärzten schon im Medizinstudium auferlegt wird, reicht nicht zur Erfassung von Ursachen. Dreidimensionales Denken wird uns jedoch auf dem deutschen Bildungsweg nicht beigebracht. So haben Schulmediziner es bislang nicht geschafft, ursachenbezogen zu diagnostizieren und zu therapieren. Ihr Befund richtet sich nach standardisierten Krankheitsbildern, die man ihnen auf der Uni vermittelt hat. WISSEN ist also vorhanden, aber praktisches, ursachenbezogenes Umsetzen fehlt.

Da werden zum Beispiel seit 80 Jahren viele Millionen Euro in die Krebsforschung investiert, und doch sterben immer mehr Menschen daran. Wem also nützt die teure Forschung?

Im Wintersemester 2019/2020 waren 90.000 Studenten in Deutschland für das populäre Fach „Psychologie" eingeschrieben, mehr als je zuvor. Und doch nehmen psychosomatische Störungen und Psychosen laut Statistik mehr zu als jede andere Krankheit. Was nur machen die vielen Psychologen mit ihrem WISSEN?

Das Studienfach „Betriebswirtschaftslehre" (BWL) liegt immer noch auf Platz eins, mit 215.000 Studenten in 2019. Und doch ging es der Wirtschaft noch nie so schlecht wie jüngst. Wie soll denn auch eine Besserung eintreten, wenn sich keiner ganzheitlich mit den Ursachen befasst? Die Gesetze der sozialen Marktwirtschaft müssten im Zusammenhang gesehen werden mit dem Faktor Mensch und Umwelt. Und warum nicht auch in Bezug auf das sozial-psychologische Wohlergehen des gesamten Volkes, statt nur profitbezogen?

Sämtliche Fakultäten deutscher Universitäten fokussieren immer nur auf einen Teilbereich, nie auf das Ganze, was im antiken Griechenland, wo viele unserer heutigen Wissenschaften ihren Ursprung haben, anders gehandhabt wurde. Da mussten Mediziner sich mit Natur, Astrologie, Astronomie und Philosophie befassen, und Mathematiker mit Kunst. Ihr ganzheitliches Denken umfasste sowohl irdische als auch kosmische Aspekte. Ihre „Wissenschaft" (wie auch die der Inder und Ägypter) war an ein höheres Bewusstsein geknüpft, kam jedoch im restlichen Europa abhanden.

In Delphi, dem ältesten Tempel Griechenlands und dem Gott Apollo geweiht, ist am Haupteingang ein einziger Satz in Stein graviert: ***„Erkenne dich selbst!“*** Mehr nicht. Alle griechischen „Wissenschaften“ zielten darauf ab – eine Philosophie, die im gesamten Osten galt. Das nenne ich Fortschritt. Das nenne ich Intelligenz. Das nenne ich menschliche Entwicklung! Der Vergleich zu den modernen Forschungen und Theorien des Westens ist so wie der Vergleich zwischen Tag und Nacht.

Abb. 2: Die Ruinen des berühmten Appolo Tempels in Delphi, Griechenland, an dessen Eingang steht: *„Erkenne Dich selbst.“*.

1.2. Wie man mit Wissen ködert

„Wissen ist Macht“, weil Logik beeindruckt. Wer mit Logik oder wissenschaftlichen Studien argumentiert, sitzt am längeren Hebel, weil der Zuhörer zunächst einmal beeindruckt ist und keine Gegenargumente findet. Dieses Unterlegenheitsgefühl führt so weit, dass selbst asiatische Völker, die einst bekannt waren für ihren siebten Sinn, diesen verloren hatten, nachdem sie sich vom Westen haben umprogrammieren lassen.

Dazu folgende Begebenheit: Völlig am Boden zerstört wurde Japan ab Kriegsende zu einem „Verbündeten“ der USA gemacht, oder besser gesagt, zu seinem Kunden. Schrittweise führten die USA Zigaretten, Coca Cola, Jeans und Fast Food ein. Darüber hinaus wurden Japaner mit einer für sie neuen Denkweise konfrontiert, die rein auf Logik beruht, und an die sie nicht gewöhnt waren. So erklärten amerikanische Ärzte der japanischen Regierung, Kalzium sei wichtig für den Knochenaufbau, wozu Milchkalzium aus den USA genau das Richtige sei. Dass Japaner sich ihre Kalziumration aus Fisch, Eiern, Grüntee und Wurzeln holten, und ihre Mägen in 7.000 Jahren noch nie Milchprodukte verdauten, fiel dabei unter den Tisch.

Was passierte? Seit 60 Jahren geben alle Schulen Japans ihren Schülern Milch aus, hergestellt aus amerikanischem Milchpulver. Seit dieser Zeit werden die Knochen der Schüler kontinuierlich schwächer. Beim geringsten Sportunfall oder Hinfallen brechen sie sich etwas und müssen ins Krankenhaus gefahren werden – mittlerweile ist das landesweit ein Problem, das es früher nie gab. Die Knochen der alten Japaner waren auch ohne Milchprodukte stark genug, um aus Karate eine tödliche Waffe zu machen und Rüstungen von 20 Kilogramm Gewicht stundenlang in einer Schlacht zu tragen. Doch gegen die Wissenschaft der Amerikaner kam keiner an, und so importiert man bis heute tonnenweise ihr Milchpulver.

Ein japanischer Historiker zeigte mir einmal eine uralte Schwarzweiß-Fotografie, auf der alte Mütterchen 60 kg schwere Reissäcke auf ihren Köpfen trugen. Das soll mal eine Amerikanerin nachmachen!

Abb. 3: Japanerinnen tragen 60 kg Reissäcke

Doch dem logischen Argumentieren der Amerikaner hatten sie nichts entgegenzuhalten und standen so der Kalzium-Logik ohnmächtig gegenüber. Hätten sie ganzheitlich gedacht, so wie ihre Vorfahren, oder hätten sie sich von ihrer Intuition leiten gelassen, würden ihre Kinder heute so stark sein wie einst die Samurai. Es war dumm von den Amerikanern, einem Volk mit der weltweit höchsten Lebenserwartung zu sagen, wie es sich zu ernähren hat, aber sie fühlten sich dank „wissenschaftlicher Beweise“ überlegen. Die evidenzbasierte Forschung blieb bis heute das schärfste Schwert der Industrie. Man kann alle und alles damit schlagen.

Aber ist das wirklich intelligent? Hilft uns dieses beeindruckende WISSEN wirklich bei der Lösung unserer Probleme? Die absurden Entscheide in Berlin werden von Menschen gefällt, deren Köpfe so voll mit theoretischem Wissen, mit Fakten und Informationen sind, dass sie eigentlich platzen müssten. Sie alle durchliefen ein Schulsystem, das von Kopflastigkeit geprägt ist und die wahre Ursache von Problemen nicht hinterfragt. Die wichtigste Frage, das WARUM, fällt unter den Tisch.

Abb. 4: Albert Einstein

Um komplexe Probleme lösen zu können, muss man sie erst verstehen, und zwar ganzheitlich. Albert Einstein sagte einst: ***„Wenn man ein Problem lösen will, muss man mit einer anderen Denkweise an es heran, als mit der, die es ausgelöst hat."***

Das bedeutet, dass nur ein radikales Umdenken uns retten kann, im Großen wie im Kleinen. Das Dumme ist nur, keiner bringt es uns bei. Warum? Weil Erkennen und Verstehen, was ja eigentlich viel wichtiger wäre, schwer zu vermitteln ist. Die Lehrer von heute werden geschult, Wissen standardisiert nach Schema F weiterzugeben, was flächendeckend, also in der Masse, auch funktioniert. Das funktioniert auch, solange es sich um Daten, Informationen, Fakten und erlernbare Gesetzmäßigkeiten und Theorien handelt – wozu es keines tiefen Nachdenkens bedarf oder eines höheren Bewusstseins.

Wissen muss also standardmäßig weitergegeben werden können. Es muss duplizierbar, wiederholbar, messbar, zensierbar und systematisierbar sein. Wie will man sonst Medizinunterricht an 5.000 Studenten erteilen? Wie will man sonst 10.000 Lehrer bundesweit ausbilden, wenn es kein Schema F gäbe? Die Industrie denkt doch genauso: Ein Fertigungsverfahren, ein Produkt, ein medizinisches Mittel muss ohne Abweichungen millionenfach in selber Qualität reproduzierbar sein, oder es taugt nicht.

Und genau darin sind die Deutschen Weltmeister. Ihre DIN (*Deutsches Institut für Normung* e.V. – ehem. *Deutsche Industrienorm*) ist *Richtlinie für unzählige* Wirtschafts- und Industriezweige, sogar außerhalb Deutschlands. Alles muss nachprüfbar, messbar, kontrollierbar sein, darum ja auch das kleinkarierte

Vorgehen der Schulmedizin. Es muss einem festgelegten Standard, einer Norm, einem logisch nachvollziehbaren Muster entsprechen, wobei zwar der ganzheitliche Aspekt verlorengeht, aber auf den Patienten kommt es sowieso nicht an. Das System steht im Vordergrund. Und das muss erhalten bleiben, komme, was wolle. Verstehen Sie jetzt, warum wir vom Bildungssystem keine wirklichen Antworten, keine echte Hilfe erwarten können?

Die vorgegebene, standardisierte Denk- und Sichtweise, die wir spätestens ab der dritten Klasse eingetrichtert bekommen, und anhand derer wir mittels Zeugnisnoten bewertet werden, ist zur Lösung von weltpolitischen, sozialen und gesundheitlichen Problemen ungeeignet, doch ich verurteile sie nicht. Sie nutzt Industrie und Wirtschaft und sorgt dafür, dass die Staatskasse dank steuerzahlender Massen gefüllt bleibt. Und man kann mit Fachwissen sogar richtig gut verdienen. Wer sich heutzutage auskennt mit AI (artificial intelligence), mit IT, mit digitalen Software-Programmen und dergleichen, bekommt die höchst bezahlten Jobs der Welt. Andere gut bezahlte Berufe basieren gleichfalls auf logischen Gesetzen und Formeln, sei es im Ingenieurwesen, dem Bankwesen, der Architektur und dergleichen. Also hat lineares Denken Vorteile, und es wäre dumm, sich darüber lustig zu machen.

1.3. Die kluge Nation

Kennen Sie Denkaufgaben wie diese?

„Wenn A kleiner ist als B. Und B kleiner ist als C. Dann ist A auch kleiner als… ?“

Derartige Fragen kommen in Intelligenztests für Grundschüler vor. Wer als Neunjähriger weiß, was PH-Wert bedeutet oder die chemische Formel von Wasser kennt, gilt als klug. Das zweidimensionale, lineare Denken reicht natürlich aus für bestimmte Bereiche: Bei höherer Mathematik zum Beispiel, um komplexe Aufgaben zu lösen, also wo es auf Logik, geometrische und algorithmische Gesetzmäßigkeiten ankommt, nicht auf intuitives Erfassen oder dreidimensionales Begreifen, nicht auf ganzheitlicher Ursachenforschung oder dem Erkennen menschlicher Schwächen.

Logisches, wissenschaftliches Denken hat also Vorteile. Wir genießen ja auch den Wohlstand in Deutschland dank dieses Denkens und den Erfindungen daraus. Und, seien wir ehrlich, sind wir nicht auch ein bisschen stolz darauf, aus dem Land zu kommen, das die besten Biere, die hochwertigsten Autos und die längsten Autobahnen der Welt hat, womit wir im Ausland Komplimente ernten? Zur Erinnerung, folgende Erfindungen kommen aus Deutschland:

Buchdruck (Johannes Gutenberg)
Homöopathie (Samuel Hahnemann)
Glühbirne (Heinrich Göbel)
Telefon (Johann Philipp Reis)

Dynamo & Straßenbahn (Werner von Siemens)
Motorrad & Automobil (Daimler & Benz)
Gleitflugzeug (Otto Lilienthal)
Röntgenstrahlung (Wilhelm Röntgen)
Kleinbildkamera (Oskar Barnackt)
Kernspaltung und Atombombe (Otto Hahn)
Der erste Computer (Konrad Zuse)
Chipkarte (J. Dethloff und H. Gröttrup)
Faxgerät (Rudolf Hell)

Dazu zahllose Patente und Innovationen auf dem Gebiet der Chemie, der Pharmakologie, des Raketenantriebs (Wernher von Braun), der minimal-invasiven Chirurgie, der Krankenhaustechnologie, des Motorenbaus, der industriellen Fertigungsanlagen und vieles mehr. Übrigens: Albert Einstein war auch Deutscher. Auf all diese Errungenschaften dürfen die Deutschen stolz sein, ein unvergleichlich hart arbeitendes, fleißiges Volk, das Wert auf Qualität und Kundenzufriedenheit legt.

Deutschland ist seit über 200 Jahren ein erfolgreiches Exportland, dessen Produkte weltweit einen guten Ruf genießen. „Made in Germany“ steht für Qualität, Langlebigkeit und Erfindergeist. Mangelndes Fachwissen und Kreativität kann man der deutschen Industrie demnach nicht vorwerfen, wenn es um Innovation und Profitstreben geht. Es entsteht somit der Eindruck, dass Wissen zu Ruhm und Reichtum verhilft und im Grunde doch gar nicht so falsch sein kann. Richtig! Schaut man sich die verschiedenen Technologien an, die sich in den vergangenen 50 Jahren mit unglaublicher Geschwindigkeit verbessert haben, ist das schon sehr beeindruckend.

Doch es geht mir nicht um den Nutzen für Industrie und Wirtschaft, den ich selbstverständlich anerkenne. Dennoch liegt hierin einer der Gründe, warum unser Denken von Klein an konditioniert wird. Wir werden passend gemacht, um in der Leistungsgesellschaft zu funktionieren, damit Gewinne und Steuereinnahmen entstehen. Der Staat wäre ja geradezu dumm, wenn er die Köpfe unserer Kinder nicht so formte, dass es zu weiteren Erfindungen, zu weiteren Innovationen führt. Unser zweidimensional denkender Nachwuchs ist doch die Garantie dafür, dass der deutsche Staat Weltmeister bleibt im Export, und dass seine Vertreter, also die Politiker, überall hoch angesehen werden.

Glauben Sie, eine Angela Merkel oder ein Olaf Scholz könnten in Brüssel noch mit Stolz die deutsche Fahne schwenken, wenn ihr Land an fünfter Stelle der EU stünde? Was zählt, ist das Bruttosozial- bzw. das Bruttoinlandsprodukt (GNP). Deutschland zahlt doppelt so viel in die EU-Kasse wie Frankreich. Das ist Macht. Das ist Status. Die „da oben" wollen um jeden Preis, dass Deutschland die Wirtschaftslokomotive Europas bleibt. Das zeugt von Ansehen und Respekt. Und die Regierung wird alles daran setzen, dass es so bleibt. Alles! Das gelingt allerdings nur über die Leistungen ihres Volkes, das mit Hochdruck zu nützlichen Robotern gezüchtet wird, deren (Fach)Wissen belohnt wird – in der Schule mit Noten, später mit Geld.

Dieses ganze Gerede von Intuition, siebter Sinn, ganzheitlichem Denken und dergleichen führt doch zu nichts. Kann man damit schnellere Autos bauen, die Wirtschaft ankurbeln, schmackhafteres Bier herstellen, Milchbauern oder Krankenhäuser subventionieren? Wo käme man denn hin, wenn ganzheitliches, ursachenbezogenes Therapieren sich in der Medizin durchsetzte und keiner mehr erkrankte? Die Medizinindustrie wäre dem Untergang geweiht. Das etablierte System will sich selbst erhalten. Andere Werte stören da nur.

Wie kann denn eine Greta Thunberg so naiv sein und erwarten, es würde sich etwas ändern in Bezug auf Natur und Umwelt, nur weil sie drohend die UN-Mitglieder anspricht? Wie naiv können deutsche Studenten sein, wenn sie sich aus Protest mit Sekundenkleber auf Straßen festnageln und den Verkehr behindern? Wohin führt dieser ganze Idealismus? Politiker gehen dem Schein nach auf diese Proteste ein, weil man junge Wähler gewinnen will. Alles, was Industrie, wirtschaftlicher Aufschwung und Staatskasse behindert, wird ignoriert oder eliminiert. Man sieht es zum Teil daran, dass kritische Informationen, welche die Corona-Impfungen hinterfragen, gelöscht werden. Der Deutsche hat zu leisten, zu funktionieren, zu zahlen. Fertig, aus, Ende.

Und damit die Industrie weltweit wettbewerbsfähig und die Wirtschaft weiterhin expansionsfähig bleibt, braucht es Nachwuchs, der wissenschaftshörig ist, der effizient und logisch denkend funktioniert – nicht zum Wohle der Gesellschaft, sondern zum (kapitalistischen) Nutzen der Nation, dem Staatsapparat. WISSEN zählt, weil GELD zählt. In einer kopflastigen, streitsüchtigen Gesellschaft bedarf es noch der Juristen, und so wird auch diese Berufsgruppe, nebst Schulmedizinern, stets genug Arbeit und Einkommen finden.

Die Zukunft mitsamt bestbezahlten Jobs gehört den Akademikern. Will man Nicht-Akademiker zukünftig weiter versklaven? Darüber sollen andere schreiben. Ich möchte hier nur festhalten, WARUM wir in eine bestimmte Denkschiene gedrängt werden, und dass Wirtschaft und Industrie (die den Staat unterstützen und umgekehrt) den größten Nutzen hieraus ziehen. Wer im Sog der Anforderungen auf der Strecke bleibt oder gar erkrankt, darf keine Hilfe erwarten. Die Sensitiven, denen diese ganze krampfhafte Kopflastigkeit zum Halse heraushängt, sind dem Staat sowieso ein lästiges Übel, gleich den Burnout-Patienten und Selbstmördern. Nicht der Mensch zählt, sondern seine Leistung.

1.4. Hoch lebe, wer gescheit klingt

Ein kritischer Leser mag nun einwenden, es gäbe doch noch die humanistischen Fakultäten wie Philosophie, Sprachen, Kunst und so weiter, und dass man in Deutschland viel Wert läge auf die Förderung von Kultur und Musik, was natürlich stimmt. Aber hat es je ein Künstler in die Politik geschafft? Sind das nicht zwei Welten, die gegensätzlicher nicht sein könnten? Ich verdeutliche hier die Handhabe der Regierenden, nicht die der Künstler. Im Übrigen werden die humanistischen Fächer auf sehr intellektuelle Weise abgehandelt, obwohl sie doch eigentlich das Herz ansprechen sollten.

Selbst im Musikunterricht, wo viele sich Begeisterung und Freude wünschten, geht es logisch bzw. mathematisch zu, weil Notenwerte, Pausen, Töne und Tonarten, Takte und Rhythmen exakt eingehalten werden müssen. Und wehe, ein Schüler spielt am Klavier so, dass er die Herzen der Zuhörer zwar berührt, dafür aber eine Note zu lang oder zu kurz anhält. Er wird den Wettbewerb nicht gewinnen, weil die zweidimensional urteilende Jury genau weiß, was falsch und richtig ist bzw. nach „Fehlern" urteilt. Denn sie haben ja das WISSEN von der korrekten Spielweise.

Hier ein weiteres Beispiel für WISSEN, wie es bei uns belohnt wird. Helmut Kohl wurde 1958 in Heidelberg promoviert zum Dr. phil., und seine Arbeit war betitelt mit »Die politische Entwicklung in der Pfalz und das Wiedererstehen der Parteien nach 1945«. Hier ein Auszug:

„Die Diskussion über die Kriegsziele Frankreichs setzte unmittelbar nach dem Ausbruch des Zweiten Weltkriegs ein. Die französische Regierung selbst lehnte es aus taktischen Gründen ab, ihre Kriegsziele in der Öffentlichkeit bekanntzugeben. Die französische Presse bot ein uneinheitliches Bild. Ein Teil der Blätter, vor allem die der Linken, forderte aus ideologischen Gründen die Vernichtung des Nationalsozialismus. Das französische Ziel bei den Versailler Verhandlungen, durch das die deutsche Gefahr beseitigt werden sollte... Es wäre notwendig gewesen, dass man diese Millionen von Geschöpfen nicht an dieselbe Kettenkugel angeschmiedet hätte mit einer einzigen Regierung...“

Es geht oftmals nicht darum, sich verständlich auszudrücken, sondern als klug angesehen zu werden. Die wahren Wortakrobaten der Literatur, wie Goethe oder Schiller, aber auch Shakespeare und Ernest Hemingway, bedienten sich einer einfachen Sprache, die das Herz ansprach – nicht den Intellekt. Doch je mehr Fach- und Fremdwörter ein Text oder eine Rede enthält, desto mehr WISSEN beweist der Redner, und WISSEN wird schließlich hoch bewertet in der Akademiker-Republik.

Einige Historiker behaupten übrigens, Hitler sei deshalb vom Volk hoch angesehen und respektiert worden wegen seines Buches »Mein Kampf«. Vor 100 Jahren galten Autoren in Deutschland als intelligent und vertrauenswürdig – eben aufgrund ihres Wissens. Manch einer stellte sie gleich mit Doktoren und Akademikern. Und da Hitlers Werk in nahezu jedem deutschen Haushalt zu finden war, war die Nation von seiner „Intelligenz“ überzeugt. So gesehen sind sie alle an Dummheit gestorben.

Hier ein Auszug aus der Website *KrisenChat.de*, die sich an junge Menschen mit Problemen wie Mobbing oder Ängste richtet. Im nachfolgend zitierten Artikel geht es um den Titel des alten Schwarzweiß-Filmes »Gas Light«, in welchem ein Mann seine Frau durch falsche Anschuldigungen in den Wahnsinn treibt:

> *„Als ‚Gaslighting' wird das manipulative Verhalten einer Person – Gaslighter:in – gegenüber einer anderen Person – Gaslightee – in einer vertrauten Beziehung bezeichnet. Je nach Ausmaß und Art dieser Form von psychischer Gewalt sind die Folgen für Gaslightees das Zweifeln an der eigenen Wahrnehmung, psychischen Gesundheit und den eigenen Gefühlen. Durch Gaslighting kann eine Person gezielt verunsichert werden. In so einem Fall wird Gaslighting als Strategie genutzt, um Kontrolle über die Betroffenen auszuüben…"*

Warum man keinen griffigeren deutschen Begriff wählt (z.B. Manipulationsspiele) entbehrt sich jeglicher Logik. Man spricht auch nicht mehr von gebrochenem Herzen, sondern sagt „Broken Heart Syndrome". Dabei ist die deutsche Sprache wie gemacht zum Verbalisieren aller Vorgänge auf Herzensebene und in der Gefühlswelt.

Eine extreme Intellektualisierung der deutschen Sprache trat meines Erachtens Ende der 1960er-Jahre ein, als Studenten sich von der Vorgeneration abzugrenzen versuchten. Man wollte anders, besser, schlauer sein. Und genau da liegt der Hund begraben: Das betonte Intellektualisieren eines Themas zeugt von Ego und Kopflastigkeit. Den Verfassern oder Rednern geht es primär darum, anderen zu imponieren, was oft wichtiger scheint als das, was man durch das Gesagte oder Geschriebene bewirken könnte.

Allerdings übernimmt das Ego von dem Augenblick an, an dem ich mich bewusst von der Masse abheben will, die Führung. Man will glänzen, anerkannt, gelobt, bewundert werden, als klug gelten, Titel erwerben, Komplimente ernten, Aufmerksamkeit auf sich ziehen … all das, was man von den Eltern nicht bekam. Bedenkt man, dass die heutigen Kinder nur wenig Liebe erfahren, weil ihre Eltern sich trennten oder berufsbedingt keine Zeit für sie haben, wird Anerkennung und Bewunderung zum Ersatz für Liebe, womit ich nicht behaupte, alle Akademiker erlitten Liebesmangel oder seien durch Ego angetrieben. Doch der wachsende Mangel an Liebe in unserer Gesellschaft geht auffällig einher mit der Zunahme akademischer Leistungen. Natürlich spielt die Angst vor einem schlecht bezahlten Arbeitsplatz eine wichtige Rolle, aber der Zusammenhang zwischen zunehmender Kaltherzigkeit in der Gesellschaft und akademischem Strebertum gibt Anlass zur Sorge.

Aber könnte es sein, dass man uns noch mit einer ganz anderen Absicht eine zweidimensionale Denkweise auferlegt? Vielleicht, um uns besser steuern zu können? Könnte es sein, dass unsere Konditionierung für die Arbeitswelt unseren Denkapparat zwar auf Hochtouren am Laufen hält, wir dabei aber unsere innere Wahrnehmung verlieren? Geschieht dies mit Absicht, um uns hörig, gefügig und systemtreu zu erziehen? Wird unser Denken so geformt, dass für Bewusstsein und Innenschau weder Kraft, Platz noch Zeit vorhanden ist?

Lassen Sie uns Schritt für Schritt einmal analysieren, warum wir so denken, wie wir denken. Ich hoffe nur, es schockiert Sie nicht allzu sehr. Denn die Hintergründe sind so unglaublich wie die Kriegsentwicklung mit Russland. Doch zuvor ein kleiner Umweg über Fernost, der Ihr Leben hell erleuchten wird.

Gewusst?

In der griechischen Tradition warnte Sokrates, der weltweit bekannte Philosoph, seine Schüler davor, den Rat von Sophisten einzuholen. Dies waren Philosophen, die dafür bezahlt wurden, den Adel zu unterrichten. (Heute holt sich der Deutsche Bundestag Rat von Akademikern der *Leopoldina*, der Nationalen Akademie der Wissenschaften in Halle, die Regierende und Politiker in schwierigen Fragen berät.)
Nach Sokrates' eigener Ansicht konnte Wissen **nur aus der mühsamen Erfahrung der Selbsterkenntnis entstehen.** Dies beweist, dass „Wissen“ früher eine andere Qualität hatte als das Akademikertum der heutigen Zeit. Der berühmte Satz „Gnothi Seautón“ wurde im Orakel von Delphi eingraviert, eine vielzitierte Inschrift am dortigen Apollotempel, als deren Urheber Chilon von Sparta, einer der „Sieben Weisen“, angesehen wird. Auf Deutsch bedeutet der Satz: *„Erkenne dich selbst.“*

1.5. Wissen vs. Bewusstsein

Stark verallgemeinert kann man sagen, dass die Menschen im Westen ihre Stärke im Bereich Denken und Wissenschaft haben. Die im Osten sind hingegen dafür bekannt für Weisheit und Harmonie. Kommt die Antwort zu unserem Dilemma eventuell aus dem Osten? Immerhin hat der Westen viel aus diesen Ländern übernommen: Akupunktur, Ayurveda, Yoga, Tai-Chi, Kampfkünste, Meditation, ganzheitliches Denken, spirituelle Ansätze und dergleichen mehr. Es gibt da jemand, der quasi als Symbol für östliche Weisheit gilt. Seine Lehre wird daher weniger als Religion gesehen, sondern als Weg zu höherem Bewusstsein. Die Rede ist von Gautama, auch bekannt als Shakyamuni Buddha. Lassen Sie mich an dieser Stelle einen seiner wichtigsten Lehrsätze erneut zitieren:

„Aus rechtem Verstehen entsteht rechtes Handeln.“

Die Betonung liegt auf „rechtes“ (richtiges). Und in der Tat, wenn ich eine Sache von Grund auf so verstehe, dass sie in Fleisch und Blut übergeht (kein intellektuelles Verstehen), dann folgt rechtes Handeln. Dem richtigen Handeln geht natürlich ein Umdenken voraus, doch das ist bereits Teil des „rechten Verstehens“. Findet ein Umdenken, ein richtiges Handeln, nicht statt, kann man davon ausgehen, dass rechtes Verstehen nicht eingesetzt hat. Diese Gesetzmäßigkeit ist unheimlich wertvoll.

Wie oft sagen wir leichtfertig, wir hätten es verstanden, ohne es wirklich verstanden zu haben? Viele meinen beispielsweise, ihr Problem im Leben verstanden zu haben, leben aber genau so weiter wie zuvor, ohne entsprechende Veränderung, ohne konsequentes Handeln. Rechtes Verstehen trat somit nicht ein.

Obwohl jeder Japaner von Hiroshima gehört hat und jedes Kind weiß, was ein AKW-Unfall anrichten kann, bauten die Japaner einen Reaktor in Fukushima, einer Erdbebenregion direkt am Meer, wo Tsunamis keine Seltenheit sind. Erst jetzt leben sie in dem BEWUSSTSEIN, dass AKWs gefährlich sind. Vorher wussten sie es nur.

In Thailand werden in ländlichen Gegenden noch Ochsen und Wasserbüffel in der Landwirtschaft eingesetzt und vor einen Pflug gespannt. Die Tiere ziehen dann in großer Hitze stundenlang schweres Gerät hinter sich und tun, was der Bauer ihnen aufträgt. Dabei sind sie zehnmal stärker als ein Mensch – doch sie sind sich dessen nicht bewusst. Wüssten die Ochsen davon, sie würden auf der Stelle stehenbleiben.

Wir wissen, dass Schweinen, Rindern und Hühnern bei Haltung und Schlachtung Leid zugeführt wird, essen aber dennoch ihr Fleisch. Und obwohl wir wissen, dass Rauchen die Gesundheit beeinträchtigt – spätestens beim Betrachten schrecklicher Fotos auf den Packungen –, geben viele diese Gewohnheit nicht auf. Was nützt also die Wissensvermittlung bzw. Information seitens der Tabak-Industrie? Erst wenn wir einen geliebten Menschen und Kettenraucher verlieren, ihn häufig am Krankenbett besuchen, wo er neben anderen „Wissenden“ liegt, wird uns BEWUSST, was man sich durch eine ungesunde Lebensweise antun kann. Wir leben dann in einem anderen BEWUSSTSEIN.

Auch ist bekannt, dass elektromagnetische Wellen und Strahlen, die von Routern (WiFi) und Handys ausgehen, ungesund sind. Doch Eltern und Lehrer sehen tatenlos zu, wie Kinder die kleinen Bildschirme mehrere Stunden am Tag anstarren. Manche legen diese teuflischen Geräte sogar unters Kopfkissen, als Wecker, oder um nur ja keine Nachricht zu verpassen. Die negativen Auswirkungen auf unsere Gesundheit weist Dr. Manfred Spitzer seit 20 Jahren nach und präsentiert sie in informativen Büchern, die zu Bestsellern wurden. Hat sich etwas geändert? WISSEN hat somit Grenzen, wenn es ums Umsetzen geht. Bewusstsein nicht.

Alle Konsumenten und selbstverständlich auch die Regierung wissen, dass nahezu alle Computer und Computer-Zubehöre wie Kameras und Drucker aus China kommen. Das macht nicht nur abhängig, sondern führt den Chinesen unglaubliche Gewinne zu. Können wir uns einen Streit mit der Volksrepublik überhaupt noch leisten, obwohl die Kommunisten Menschenrechte verletzen und Werte verfolgen, die nichts mit unseren gemein haben? Und doch kaufen wir tagtäglich viele Waren „Made in China", weil Geiz geil ist, und weil wir unser WISSEN um diese Dinge verdrängen. Wissen kann man verdrängen, wenn es unbequem wird. Bewusstsein dagegen geht nicht. Es geht in Fleisch und Blut über!

Es gibt Menschen, die ändern ihr Bewusstsein durch eine Information. Als meine Tochter mitbekam, dass Fleisch und Wurst ja eigentlich aus toten Tieren besteht, wurde sie Vegetarierin, obwohl sie Fleischprodukte immer genossen hatte. So wie sie sind viele Jugendliche, gerade auch wenn sie erfahren, wie viel Leid den Tieren bei der Schlachtung widerfährt. Meine Mutter ist auf dem Lande aufgewachsen, als Tochter von Bauern, die auch Viehzucht betrieben. Alle Jahre wurde ein Schwein getötet. Einmal erzählte sie mir, wie das warme Blut des frisch geschlachteten Schweins nur so floss. Sie habe ihre Hände hinein gehalten und fand das toll. Das Zerlegen des Schweins habe sie mit Freunden mit Freude verfolgt. Mir wurde vom Zuhören schlecht. Man kann also Dinge erleben, deren Grauenhaftigkeit nicht auffällt, eben weil das Bewusstsein dafür fehlt. Was also ist wichtiger, Wissen oder Bewusstsein?

Apropos Fleischindustrie: Diese nutzt die Sorgen der Bevölkerung zum eigenen Vorteil und bewertet ihre Produkte von A bis D, um die Haltungsform (tiergerecht, freilebend etc.) anzuzeigen, damit die Verbraucher sorgenfrei zubeißen können. Was aber nützt dem Schwein oder Rind zu Lebzeiten, grünes Gras auf einer Wiese fressen zu dürfen, wenn die horrorhafte Schlachtung, die nicht Teil der oben genannten Bewertung ist, leid- und schmerzhaft vollzogen wird? Fleischesser verdrängen diese Tragödie, weil sie ihr Fleisch dank einer guten Bewertung genießen wollen. Dieses Beispiel zeigt, dass viele kein höheres oder anderes Bewusstsein wollen, weil es unbequem ist, oder weil es ihre heile Welt zerbrechen lässt.

Außerdem kann man mit höherem Bewusstsein nicht angeben, da es nicht zeigbar, nicht messbar, nicht zertifizierbar ist, so wie Wissen, zusätzlich zu dem Umstand, dass es an Schulen nicht vermittelbar ist. Wer und warum sollte jemand bestrebt sein, Ihr Bewusstsein anzuheben? Solange Sie funktionieren, artig konsumieren und glauben, was die Schlauen der Nation verkünden, sind Sie ein willkommener Bürger.

1.6. Akademiker mit Weisheit

Es liegt mir fern, alle Akademiker über einen Kamm zu scheren, denn es gibt sehr wohl welche, die über ihren Tellerrand hinaus blicken. In meinem Bekanntenkreis gibt es zum Beispiel einen Arzt, der sich regelmäßig an seine Schutzengel wendet. Ein weiterer Mediziner hat in Indien Ayurveda erlernt und geht, anders als seine Kollegen, ursachenbezogen vor. Studieren ist also nicht unbedingt gleichbedeutend mit mangelndem Verstehen.

Ein anderer Freund ist Psychologe und leitet eine Meditationsgruppe, ein weiterer ist Dr. päd. und kennt sich mit Besetzungen und Fremdwesen aus. Dr. Dr. Walter von Lucadou zum Beispiel leitet eine parapsychologische Praxis in Süddeutschland und ist Experte auf dem Gebiet der Geistwesen (Besetzung durch Fremdwesen bzw. erdgebundene Seelen), die er als mögliche Ursache für Schlafprobleme und Depressionen sieht. (Wer sich dafür interessiert, dem empfehle ich mein Buch »Geistwesen – Wie sie unser Leben beeinflussen«.) Natürlich hat man ihm dieses Wissen nicht im Medizinstudium beigebracht, ebenso wenig, wie im Jurastudium Bewusstsein und Moral vermittelt werden.

Der aus Schweden stammende Psychiater Dr. Carl Wickland konnte über seine mediale Frau mit Verstorbenen sprechen und hatte zahlreichen Alkohol- und Drogenabhängigen, geholfen, indem er sich an deren Besetzer (aus der geistigen Welt) wandte. Die berühmte Schweizer Ärztin und Psychologin Dr. Elisabeth Kübler-Ross beschreibt in ihrer Autobiografie, wie sie ihren Schutzengel wahrnahm und ihn fotografisch festhielt. Ich lernte darüber hinaus einen Theologen kennen, der regelmäßig ins

Zen-Kloster nach Japan fliegt, um dort für einige Wochen zu meditieren, was absolut nicht im Theologiestudium vermittelt wird. Allerdings muss ich hinzufügen, dass diese Leute schon von Kind an ein etwas anderes Bewusstsein hatten als ihr Umfeld.

Ein anderes Ehepaar, beide Rechtsanwälte, hat einen Sohn, der sich an Vorleben erinnern kann und obendrein hellfühlig für Geister ist, was von den Eltern nicht verdrängt oder ausgeredet wird. Im Gegenteil, sie sind stolz auf seine Fähigkeiten. Das zeigt, dass

a) auch Akademiker spirituell sein können
b) höheres Bewusstsein der Eltern auf deren Kinder abfärben kann.

Diese Akademiker haben ihre Sichtweise und ihre innere Wahrnehmung trotzig beibehalten und ihren geistigen Horizont durch Reisen, Austausch mit anderen Völkern, Lebenserfahrungen sowie längeres Arbeiten in fernen Ländern erweitert. Das bedeutet, man kann das eigene Bewusstsein, zumindest bis zu einem gewissen Grad, also doch erweitern. Also nichts gegen Akademiker generell! Dennoch steht ihr zahlenmäßiges Auftreten in der Politik in reziproker Relation zur Zufriedenheit des Volkes.

Liegt es also doch an der Intellektualisierung? Dann aber frage ich mich: Warum war die Welt der 70er-Jahre noch in Ordnung? Profitsüchtige Industrielle nebst studierten Politikern gab es auch damals schon, doch irgendwie war alles anders. Die Frage ist somit wichtig, warum in den letzten drei Jahrzehnten so viel falsch lief, aber in den 70ern eine heile Welt herrschte.

Laut repräsentativen Umfragen aus dem Jahr 2022 ist das Vertrauen der Deutschen in die Politik an einem historischen Tief angelangt, was auf die 70er-Jahre nicht zutrifft. Die Antwort hierauf gibt es im nächsten Kapitel. Und so ganz nebenbei werden Sie verstehen, warum Ihre innere Wahrnehmung mitsamt höherem Bewusstsein blockiert wird, seit Sie auf der Welt sind, und dass dieses Buch Ihnen eine Wahrheit präsentiert, an die Sie sonst nicht gekommen wären.

Abb. 5: Umseitig die Auflösung des ältesten Rätsels der Menschheit, nämlich was die Geschichte von Adam und Eva uns sagen will.

Das gibt zu denken!

Die biblische Geschichte von Adam und Eva kennt jeder. Sie steht übrigens auch im Koran, exakt genau so. Wenn man es recht bedenkt, besteht die Ursünde der beiden darin, von ihrem Vorsatz abgekommen zu sein, den verbotenen Apfel nicht zu essen. Satan köderte mit Logik: „*Wenn Gott euch liebt, gönnt er euch bestimmt den Apfel ... Gott schenkte euch den freien Willen – also greift zu.*" Gegen diese Argumente waren Adam und Eva machtlos und griffen zu.

Manipulation ist der Grund, warum sie aus dem Garten Eden vertrieben wurden, und warum auf Erden keine paradiesischen Zustände herrschen (laut Bibel und Koran). Schaut man sich an, wie Kriege entstehen und wie die Massen auf falsche Informationen hereinfallen, erkennt man im Hintergrund „das Böse", das die Fäden der Manipulation zieht. In dem Moment, in dem Manipulation als solche erkannt wird, verliert sie ihre Wirkung. Der Schlüssel ist somit BEWUSSTSEIN.

Je bewusster ein Mensch lebt, desto weniger lässt er sich beeinflussen und vom Kurs abbringen, umso weniger fällt er auf falsche Versprechungen, Verlockungen und Konsum-Fallen herein. Das will jedoch niemand, da die Menschen dann nicht mehr ausbeut- und ausnutzbar sind. Die ganze Welt lebt davon, dass wir uns beeinflussen lassen, manchmal sogar der eigene Partner. Seien wir auf der Hut!

TEIL 2

Die goldenen Jahre der Deutschen

2.1. Back to the future

Unterhält man sich mit älteren Jahrgängen über die Zustände im gegenwärtigen Deutschland, gibt es immer dieselbe Reaktion:

a) Das Vertrauen in die Politik ist weg.
b) Früher war alles besser.

Gleich vorweg: Jede Generation behauptet von sich, früher sei alles besser gewesen und trauert den guten alten Zeiten nach. Und dennoch, die 1970er-Jahre (+/– 5 Jahre) waren etwas Besonderes. Ein Hauch positiver Energie, Herzlichkeit und Optimismus lag über ihnen, was sich in der Musik widerspiegelte, die einfach toll war, und natürlich in den Film- und Fernsehproduktionen, den Klassikern, die bis heute unerreicht blieben. Die Künstler von Heute sind anders, weil sie in einer anderen Zeit aufwuchsen. Gleiches gilt für unsere Politiker und andere Entscheidungsträger. Könnte es sein, dass die Probleme unserer Zeit mit der Schwemme an theoretischem Wissen bzw. dem Zuwachs an Akademikern nichts zu tun hat? Denn studierte Köpfe gab es in der Politik der 1970er-Jahre schließlich auch. Und doch waren alle glücklicher und zufriedener.

Schaut man sich die vielen Kommentare bei YouTube an, die unter den Musik-Videos der BeeGees stehen oder denen von ABBA und dergleichen, weinen Zigtausende dieser Zeit hinterher und sind einstimmig der Meinung, diese Qualität sei nie wieder erreicht worden. Beim Betrachten alter Winnetou-Filme bekommt so mancher eine Gänsehaut. Man spürt förmlich, wie die Produzenten und Akteure ihr Herzblut hineinlegten. Und da sind wir auch schon beim Schlüsselwort: Herz.

Dieses herzbetonte Denken war das Charakteristische jener Zeit. Es war das, was den Unterschied zu Heute ausmacht, eine Zeit, die von einer seelenlosen Politik geprägt ist. Die damaligen Politiker waren auch gebildet, aber gleichzeitig waren sie volksnah und herzlich, nicht so wie die unreife Brut in Berlin heute.

Abb. 6 bis 8: Das waren noch Politiker von Format: Willi Brandt, Konrad Adenauer und Helmut Schmidt.

Man denke nur an Konrad Adenauer, der sein letztes Hemd zum Wohle des deutschen Volkes gegeben hätte. Willy Brandt war charakterstark wie verantwortungsbewusst. Sein legendärer Kniefall am Kriegsgräberdenkmal in Warschau sagt mehr als tausend Worte. Hätte Frau Dr. Merkel sich in solcher Weise bei Putin für ihre Provokationen entschuldigt, hätte es weder Krieg noch Gasmangel gegeben. (Apropos Krieg: Es starben schon über 120.000 Soldaten an Putins Zorn!)

Helmut Schmidt war ein Paradebeispiel deutscher Intelligenz, gepaart mit Weisheit und Mut. Zwar hatte er in den USA studiert, ließ sich aber nicht amerikanisieren, sondern hielt an deutschen Werten fest. Er hatte durch mutige Entscheidungen bei einer Flut 1961 viele Hamburger vor dem Wassertod bewahrt und die Kampftruppe GSG-9 ins Leben gerufen, die in Mogadischu ein Flugzeug stürmte und alle Geiseln befreite.

Die alten Hasen zu Deutschlands goldener Zeit engagierten sich aus einer ganz anderen Motivation heraus für die Gesellschaft als ihre Nachfolger, deren Köpfe mit Information und totem Wissen gefüllt wurde, die aber kein Familienmitglied als Kriegsopfer zu beklagen haben. Sie mussten auch nicht bei Sirenenalarm in den Keller flüchten oder tagelang mit ein paar rohen Kartoffeln auskommen, und sie mussten im Nachkriegsdeutschland nichts mit eigenen Händen aufbauen. Das Anschauen historischer Filme über den Krieg, so wie es die heutigen Regierenden in ihrer Jugend taten, erzeugt somit nicht dasselbe wie bei der Vorgeneration.

Zur Bestzeit hatten wir Politiker wie Genscher, Scheel, Blüm, Geißler, Lafontaine und andere. Zur selben Zeit hatten die US-

Amerikaner J. F. Kennedy als Präsident, der weltweit hoch angesehen war. Nach ihnen trat bereits die Ära egoistischer Akademiker ein, die unter anderem den Euro einführten, jährlich Milliarden an Steuergeldern in die EU-Kasse fließen lassen, dafür aber vier Millionen Fremde aufnehmen und einen Krieg mit Russland auslösen. Das wäre zu Zeiten von Adenauer, Brandt und Schmidt undenkbar gewesen.

Abb. 9: John F. Kennedy

Übrigens, Helmut Kohl hatte ausgerechnet dann auf Sri Lanka eine Ayurveda-Kur gemacht, als der Tsunami kam. Kaum dass die Flutwelle sein Hotel erreichte, flüchtete er zusammen mit ca. 40 anderen Gästen (viele Deutsche) aufs Dach, wo nur er, und er allein, kurz darauf von einem Militärhubschrauber abgeholt und zum Flughafen Colombo geflogen wurde. Er soll dabei den staunenden Hotelgästen zugewunken haben, die alle um ihr Leben bangten. Und obwohl im Hubschrauber noch

Platz für zehn weitere Menschen gewesen wäre, flog er alleine fort, wie ich aus erster Hand vom Hotelmanager erfuhr. Ich will Dr. Kohl nicht bloßstellen, der sicher auch gute Seiten hatte, aber es zeigt, dass die Jahre ab 2000 bereits von Herzlosigkeit und Egoismus geprägt waren.

Wenn die uns überlebende Generation es anders machen will, damit sich das Fiasko nicht wiederholt, muss wieder mehr Herzlichkeit, mehr Miteinander und Füreinander in die Gesellschaft hinein, so wie es zur goldenen Zeit Deutschlands war. Wichtig erscheint mir die Erkenntnis, dass die Zeit, in der wir aufwachsen, unser Denken und Handeln formt. Der Geist der Zeit prägt uns sogar ganz erheblich. Während die Spitzenpolitiker von damals in ihrer Kindheit nach dem „Sandmännchen“ zu Bett gingen, schaute sich die Nachgeneration zur Jugend bereits amerikanische TV-Serien wie »Baywatch« an. Nichts gegen pralle Titten und geile Ärsche, pardon, aber die privaten Sender der 80er-Jahre waren bereits der Auftakt zur heutigen Pornogeneration: eine niveaulose Fleischbeschau.

Und während die politischen Stars der goldenen Ära in ihrer Kindheit Holzspielzeug hatten und auf Bäume kletterten, wuchsen Annalena Baerbock (geb. 1980), Robert Habeck (geb. 1979) & Co. in einer Zeit auf, als es bereits Handys und Internet gab und die Kids an den Teletubbies verblödeten. Wahre Künstler wie Mireille Mathieu, Adamo oder Marianne Rosenberg wurden längst abgelöst durch Madonna und Lady Gaga. Lachen Sie nicht! Musik, Medien und Filme haben einen ganz entscheidenden Einfluss auf unser Denken. Lassen Sie mich daher die guten Jahre etwas näher analysieren.

2.2. TV früher und heute

Voriges Jahr traf ich eine Frau aus Leipzig, der ehemaligen DDR, und sprach sie auf das heutige Kinderprogramm im Fernsehen an. Da leuchteten ihre Augen, als sie von Lassie und Flipper sprach, von Pan Tau, Dick und Doof, von Otto und Derrick im Teenie-Alter. Als ich sie verwundert anschaute, fügte sie hinzu, ihre Familie habe früher (vor 40 Jahren) West-Fernsehen geschaut, obwohl das offiziell verboten war. Da musste ich lachen und freute mich, dass es für Antennen keine Grenze gibt. In jener Zeit gab es drei Kanäle in Deutschland, nicht mehr. Doch alle waren sinnvoll, gehaltvoll und anspruchsvoll. Heute gibt es über 30 – und fast alle tun in Aug und Ohr weh, weil es um Effekte und schnellen Szenenwechsel geht, gemäß US-Fernsehen als Vorbild. Wer sich diesen niveaulosen Mist täglich anschaut, baut geistig ab. Dabei sprechen wir hier von einer Zeitspanne von nur wenigen Jahrzehnten! Es ist ja nicht so, dass dieser Wandel sich über viele Generationen oder über 200 Jahre hin vollzogen hätte.

Vor ca. zehn Jahren war ich in einem Hotel in Baden-Baden und schaltete nach langer Zeit mal wieder den Fernseher ein, denn ich selbst hatte keinen. Da lief um 18 Uhr auf KiKa, dem Kinderkanal(!) des WDR, ein Beitrag mit dem Titel »Ich bin doch kein Werwolf« zum Thema Körperbehaarung. (Die Sendung ist auf YouTube abrufbar.) In hemmungslosen Nahaufnahmen wurde gezeigt, wie man Schamhaare mit dem Rasierer entfernt und dabei hübsche Muster schneidet. Kein Wunder, dass Schüler sich nicht auf das Lernen konzentrieren können.

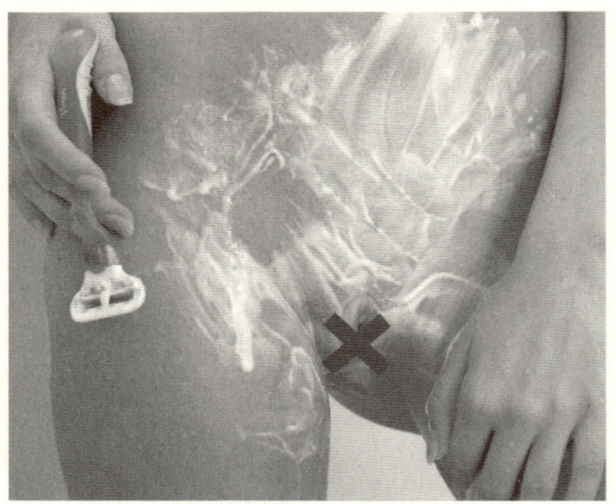

Abb. 10: Anleitung zur Intimrasur im deutschen Fernsehen. Der Verlag hat die intimste Stelle überdeckt. Im TV-Beitrag, gesendet um 18 Uhr, war jedoch alles zu sehen.

Worum es mir hierbei geht? Die damaligen Spitzenpolitiker Brandt, Schmidt, Scheel, Genscher, und wie sie alle hießen, hatten in ihrer Kindheit Filme angeschaut, die das Herz ansprachen, die lehrreich und kindgerecht waren, anders als die jungen Akademiker von heute, die mit US-Serien wie »Two and a half men«, »Sex an the City«, »South Park« oder »Teletubbies« aufwuchsen. Könnte das Abfärben amerikanischer Flachgeistigkeit, ohne damit auf die Amerikaner zu zeigen, mit ein Grund sein für den Verfall an Werten und menschlicher Qualitäten?

Lassen Sie mich kurz anmerken, dass der Einfluss amerikanischer „Kultur" in Deutschland wesentlich größer ist als in den Nachbarländern. Vielleicht trägt dieser Einfluss eine Mitschuld an der Vernachlässigung deutscher Werte. Kein anderes Land in Europa würde auf die Idee kommen, für eine Briefmarke, immerhin eine Art nationale Identität, »The Peanuts« und »Mickey

Mouse« als Motiv zu wählen. An Wochenenden liegt der Anteil aus den USA stammenden Fernsehprogrammen bei RTL bei 79% (21% deutsche/europäische) laut einer Studie von Sven Boehme im Jahr 2000. Heute wird er wohl darüber liegen. Ist Ihnen schon mal aufgefallen, wie viele Schüler in Deutschland ausrufen: „*Oh my God?!*" Das kommt in jedem dritten Satz amerikanischer TV-Serien vor.

Während meine Großmutter uns aus Märchenbüchern vorlas und die ganze Familie sich an Brettspielen erfreute, starrten die heutigen Minister in ihrer Pubertät auf Handys und wurden durch erotische Inhalte im Internet oder durch Computerspiele geprägt, also von einem völlig anderen „Zeitgeist", dem auch ein völlig überdrehtes Tempo innewohnt. Diese Entwicklung addiert sich zur ausgesetzten Kopflastigkeit und dem Lernstress ja noch dazu.

Im Zeitraffer: Während Helmut Kohls Regierungszeit schaffte sich fast jeder Haushalt ein Festnetztelefon an, 1998 nutzte sogar jeder zehnte Haushalt schon ein Mobiltelefon. In den 90er-Jahren startete der Personal-Computer seinen Siegeszug. 1995 veröffentlichte Microsoft das Betriebssystem Windows 95, die Software, mit der der PC im Mainstream ankam. Und 1998, als Helmut Kohl die Wahl gegen Gerhard Schröder verlor, hatten acht Prozent der Deutschen einen Internetanschluss. Das Word Wide Web kam langsam in der Republik an. Heute haben 92 Prozent aller Haushalte in Deutschland Internet. (statistica.com)

2.3. Goldene Werte einer goldenen Zeit

Bevor wir auf die Akademiker in Berlin schimpfen, schauen wir noch einmal auf die goldenen Jahre. Denn damals muss irgendetwas richtig gut, und danach so richtig schlecht gelaufen sein. Gestatten Sie einen kurzen Überblick:

1. Die Eltern und Großeltern meiner Generation gingen jeden Sonntag in die Kirche. Das verlieh ihnen ein Gefühl von Zugehörigkeit, Religiosität und Zusammenhalt in ihrer Gemeinde. Ich selbst halte nichts von Kirche und Religion, muss aber einsehen, dass so manch einer darin aufging, seinen Frieden fand und glücklich damit war. Welcher Esoteriker kann das heute von sich behaupten? Einer groß angelegten Studie in England zufolge sollen spirituell orientierte Menschen (ohne Religion) doppelt so häufig an psychosomatischen Störungen erkranken wie Orthodoxe, die nicht auf der Suche sind bzw. einem konservativen Glauben angehören. Hiermit sage ich nicht, man solle in die Kirche gehen, aber es gibt leider keinen Ersatz, wo man Gruppenzugehörigkeit und Gemeinsamkeit erfahren kann, was zur Bildung kollektiver Verantwortung wichtig wäre.

2. Es gab weniger Scheidungen. Nun mag man einwenden, unsere Mütter und Großmütter hatten aufgrund mangelnder Berufsausbildung nicht die Möglichkeiten von heute gehabt, wo jede unzufriedene Braut im Nu ihre Koffer packt und ihr eigenes Leben beginnt, ohne finanziell von ihrem Verflossenen abhängig zu sein. Die Ehefrauen von

damals waren dadurch aber eher geneigt, ihre Probleme zu lösen, statt sich zu trennen. Und siehe da, in vielen Fällen konnte die unglückliche Phase überwunden, die Ehe gerettet werden, und sei es auch nur zum Wohl der Kinder.
Dieses Zusammenhalten statt Aufgeben formte einen anderen Geist als heute, wo junge Leute beim kleinsten Problem die Flucht ergreifen und einen Ersatzpartner suchen. Das Internet macht's möglich. Wie kann sich da eine Herzbindung entwickeln? (Natürlich ist eine unglückliche Partnerschaft Gift für die Seele, sodass die Möglichkeiten heute besser sind, sofern man sie nicht egoistisch ausnutzt.)
Aus einer Statistik erfuhr ich, dass in muslimischen Ländern (Mittlerer Osten) seit 1975 die Scheidungsrate sich verzehnfacht(!) hat, was zeitgleich einsetzte mit dem Einfluss amerikanischer Filme dort, und ab 1995 dem Einfluss des Internets. Dass die Taliban große Angst vor einer Verwestlichung ihres Landes (Afghanistan, Iran) haben sowie vor dem Verlust ihrer Werte und Kultur, ist nachvollziehbar, auch wenn die Gegenmaßnahmen radikal und inhuman sind.

3. In meiner Kindheit gab es nur drei TV-Kanäle, doch alle waren kindgerecht, sinnvoll und lehrreich. Heute stehen Kindern dank RTL & Co. mehr als 30 Kanäle zur Auswahl, von denen die meisten angereichert sind mit derben Sprüchen, brutaler Gewalt und sexuellen Inhalten, zusätzlich zu dem schnellen Szenenwechsel, den das Gehirn kaum verarbeiten kann. Grelle Farben, laute und plötzliche Töne sorgen für nervenaufreibende Effekte, die schau-

spielerische Talente überflüssig machen. Vorbei der entspannte Familienabend vor der Glotze mit Rudi Carrell oder Wim Thoelke. Selbst mit Ilja Richter und Dieter Thomas Heck kamen die Teenies noch auf ihre Kosten.

4. Die Zeit bzw. Geschwindigkeit der goldenen Ära war langsamer, nicht nur im Film. Während man früher gemütlich mit der Familie spazieren ging oder die Großeltern besuchte, können die Kids von Heute kaum mehr drei Minuten ruhig sitzen, ohne auf ihr Handy zu blicken. Alles, was nicht irre schnell ist, wirkt langweilig auf sie. Kein Wunder, dass so viele an Hyperaktivität und Schlafstörungen leiden. Wie will man da zur Ruhe kommen? Wie will man da seine Mitte finden? Darum geht es mir.

   Meine Eltern hatten 25 Jahre lang einen Kühlschrank, der einwandfrei funktionierte. Die Möbel, dank der handgeschnitzten Verzierungen eine Augenweide, überlebten drei Generationen und vier Umzüge. Die Wegwerfmöbel heute halten kaum noch eine Verschiebung im selben Zimmer aus. Elektrogeräte werden entsorgt statt repariert, wenn ihre kurze Lebenszeit zu Ende geht. Bei so viel Schnelligkeit bleibt keine Zeit mehr zum Kochen, falls die berufstätigen Frauen von Heute das überhaupt noch können. Und da für ausgiebige Zärtlichkeiten ebenfalls keine Geduld mehr da ist, wird sogar der Sex schneller.

   Alles hatte früher mehr Tiefgang. Der Klang aus dem Radio (oder der Schallplatte) war weicher, satter und entspannender als der aus digitalen Minigeräten von heute, der beim Anhören eine innere Unruhe erzeugt. Alles wurde härter, synthetischer, kälter und liebloser. So auch die Politik.

5. Es fehlt heute an menschlicher Wärme und Zuwendung. Etwa vier Fünftel meiner Klassenkameraden bekamen mittags zu Hause ein warmes Essen serviert. Ich war einer dieser Glücklichen. Das erdet, gibt das Gefühl, zu Hause angekommen und versorgt zu sein. Man hatte einen Gesprächspartner, was emotionalen Halt gibt. Heute müssen drei bis vier Fünftel aller Schüler selbst die Haustüre aufschließen und sich eine Pizza in die Mikrowelle schieben. Statt einem Ansprechpartner gibt es den Fernseher oder das Handy. Holzspielzeug gibt es schon lange keines mehr, und gelesen wird überwiegend am digitalen Bildschirm. Mit anderen Worten: Fleißig lernen mussten wir früher auch, aber warum ging es uns besser? Das Umfeld hat den Schulstress und die innere Unruhe gemildert. Wir fühlten uns beschützt.
   In Gesprächen mit Bürgern der neuen Bundesländer sagte man mir, die Zeit dort sei bis kurz nach der Wende stehen geblieben im Vergleich zur rasanten Entwicklung im Westen. Es lief kein amerikanisches Kitsch-Programm, es gab keinen Neid, kein Konkurrenzdenken auf der Arbeit, keine Panik, wenn der Nachbarsjunge in Designer-Jeans in der Schule erschien, weil es diesen Egoismus (und die Jeans) nicht gab. Stattdessen habe man sich geholfen, sich ausgetauscht, kommuniziert, für einander gesorgt. Sie wissen nicht, dass es damals in ländlichen Gegenden der BRD genauso zuging. Wir alle sind von dieser „Werte-Wende" betroffen.

2.4. Geschwindigkeit, die schwindelig macht

Hohe Geschwindigkeit bzw. Schnelligkeit ist ein entscheidender, das Denken beeinflussender Faktor. Wie erwähnt, war das Tempo der 60er- und 70er-Jahre wesentlich langsamer als heute und erlaubte Innehalten, reifliches Nachdenken und ein Reflektieren. Gemäß den indischen Veden gibt es ein Tempo, einen Rhythmus, der ideal ist, um zu Einsichten und Erkenntnissen zu gelangen. Ist der ideale Rhythmus gestört, kommt es laut dieser Lehre zu Fehleinschätzungen, Fehlentscheidungen und krankem Verhalten, bis hin zu Psychosen.

Das liegt daran, dass Nerven wie Zellen auf unnatürliche Geschwindigkeit negativ bzw. mit Stress reagieren. Klares Denken und Handeln wird dann schwierig. Es ist kein Zufall, dass die explosionsartige Zunahme psychosomatischer Störungen parallel anstieg zur Zunahme der Geschwindigkeit in unserer Umwelt. Unsere Nerven, ja das komplette neurologische System im Gehirn ist damit beschäftigt, die schnell wechselnden Eindrücke, Tonfolgen, Bilder, Informationen, Veränderungen und Reizüberflutungen zu verarbeiten, was ein besonnenes Denken nahezu unmöglich macht. Wie wollen wir da unsere innere Stimme wahrnehmen? Das ist der Punkt, auf den ich Sie aufmerksam machen möchte.

Die Menschen verlieren ihre Mitte und ihre Verankerung im Leben und rotieren wie ein Hubschrauber in der Luft. Ohne Erdung sind sie schutzlos weiteren Einflüssen ausgeliefert, wie auch Manipulationen. Hilflos wie ein Blatt im Wind vernehmen sie nicht die Warnsignale ihrer Seele, was zu Erschöpfung, Schlafproblemen und Angst führt. Angst erzeugt weitere Angst!

Der Mensch sucht dann künstliche Erdung in Form von Besitzanhäufung, finanzieller Sicherheit, materiellen Werten und Konsum, was Industrie und Wirtschaft mit großer Freude erfüllt. Warum also sollte jemand Ihr Tempo verlangsamen oder Sie darauf aufmerksam machen? Alle profitieren davon, wenn Sie zum Ausgleich mehr konsumieren.

Alle Lebensformen reagieren auf Schwingung. Embryos reagieren auf den Herzrhythmus und die Atmung der Mutter. Ozeane erzeugen durch Ebbe und Flut einen Rhythmus und reagieren, ähnlich der Menstruation, auf den Zyklus des Mondes. Der Wechsel von Tag und Nacht ist ein uralter Rhythmus genau so wie das Umkreisen der Erde um die Sonne, deren Strahlen übrigens auch einer Schwingung unterliegen, nämlich Licht- und Wärmefrequenzen. Sogar Pflanzen reagieren auf Rhythmus. Setzt man sie klassischer Musik aus, wachsen und gedeihen sie prächtig. Beschallt man sie mit Techno-Musik oder synthetischen Klängen, verkümmern sie oder werden krank. Dieses Experiment ist ziemlich alt und wird gerne an Universitäten wiederholt – immer mit denselben Ergebnissen. Der japanische Wissenschaftler Dr. Masaru Emoto wies nach, dass sogar Wasser auf Schwingungen und menschliche Emotionen reagiert. (Buchtipp: »Die Botschaft des Wassers«)

Und was hat das alles mit den 70ern zu tun? Ich werde es Ihnen verraten. Die populäre Musik der 60er- und 70er-Jahre, wozu auch Schlager zählen und englische Evergreens, unterlagen einem Rhythmus und einer Tonfolge, die Freude erzeugt. Weltweit sind Menschen (ausnahmsweise mal) ungeteilter Meinung, dass die wundervolle Musik der 70er (teilweise der 60er) unerreichbar geblieben sei. Selbst die Beatles erzeugten eine Musik, die das Herz vor Freude hüpfen ließ. Klassische Musik gehört ebenso zum Genre positiver Schwingungen. Jedenfalls wurden in den 70ern Millionen Menschen aus Radio, Fernseher und Plattenspieler mit einer Musik beschallt, die Herz und Seele erreichten. Mit fortschreitender Technik ging dieser Zauber verloren, und gleichzeitig nahm die Herzlichkeit in der Gesellschaft ab.

Die Musik wurde ab Ende der 80er-Jahre immer schneller, unruhiger, härter, elektronischer (synthetischer) und kälter. Die Einführung von Transistor-Radios mit billigen Lautsprechern sowie die Digitalisierung bei der Tonaufnahme und -wiedergabe (Compact Disc) hat den kalten Effekt noch verstärkt. Parallel dazu wurde der Szenenwechsel deutscher TV-Produktionen ebenfalls schneller, gemäß einem amerikanischen Vorbild. Bereits ab den 90ern kam es visuell und akustisch mehr auf Effekte an – auch bei Kinofilmen – als auf schauspielerisches Können. Die goldene Ära der Klassiker, wie zum Beispiel die alten James-Bond-Filme oder »Derrick«, war im deutschen Fernsehen vorüber. Auch die TV-Werbung wurde härter, effektvoller und liebloser. Schauen Sie sich mal auf YouTube die TV-Werbung der 60er- und 70er-Jahre an, und Sie wissen was ich meine.

Diese Entwicklung nimmt bis heute kein Ende, sondern an Tempo zu, weil sich die gesamte Technologie in Richtung „schneller“ entwickelt. Denn schnell gilt als effizient, kostengünstig und vorteilhaft. Während deutsche Büros in den 80ern mit Telex auskamen, hatte in den 90ern jedes Unternehmen schon Telefax, eine deutsche Erfindung übrigens, gefolgt vom Internet und der Bürde, dass wir nun zig E-Mails in wenigen Minuten beantworten müssen.

Um noch schneller informiert und erreichbar zu sein, gab es ab der Jahrtausendwende mobile Telefone. Das war fünf Jahre später schon wieder zu langsam. Auf 2G folgte 3G. Mittlerweile sind wir bei 5G, damit man – so die Anbieter – Spielfilme in wenigen Sekunden downloaden kann, statt in schrecklich langen zwei Minuten. Die gesundheitsschädliche Strahlenbelastung (Dr. Manfred Spitzer liefert den Beweis) fällt unter den Tisch, wie bei allen Geräten, die mit irre hohen Frequenzen arbeiten, so auch die Mikrowelle.

Früher saß man im Zahnarztstuhl und wartete fünf Minuten, bis die Betäubung wirkte. Doch das dauerte den Ärzten zu lange, und so entwickelte man Betäubungsmittel mit Adrenalin, das den Wirkstoff sofort ins Gewebe eindringen lässt. Dass Adrenalin bei vielen Patienten Herzrhythmusstörungen, Schwindel, ja sogar aggressives Verhalten auslöst, nimmt man gerne in Kauf. Hauptsache, es kann nach zwei Minuten gebohrt werden.

Während man in den 70ern nach einer OP noch einige Tage im Krankenhaus verweilen und sich erholen konnte, wird man heute bereits am nächsten (teilweise noch am selben) Tag nach Hause geschickt. Gleich einer Akkordarbeit wird Wert auf die Effizienz gelegt, statt auf den Patienten. Schneller Wechsel bringt mehr Gewinn.

Austausch von Zärtlichkeiten beim Liebemachen? Ein ausgiebiges Vorspiel? Das war gestern. Heute ist die schnelle Nummer gefragt. Laut Statistica.com dauert der durchschnittliche Geschlechtsverkehr der Deutschen 5,4 Minuten. Na ja, bei den Griechen immerhin 22 Minuten. (Die haben dank der deutschen Finanzspritze auch weniger Sorgen und gehen ab 55 in Rente.) Die Schnelligkeit der Deutschen ist einmalig. Ich fand sie weder in der Schweiz noch in Lettland, England oder Frankreich.

An Frankreichs öffentlichen Schulen wird den Schülern mittags ein vier- bis fünf-Gänge-Menü serviert, für das die Kleinen sich eine gute Stunde Zeit nehmen. Deutsche Schüler gehen nach der Schule bei McDonalds vorbei (Fast Food) oder schieben sich zu Hause einsam und alleine eine Pizza in die Mikrowelle – auch nach einem amerikanischen Vorbild. Apropos Franzosen: Die haben bei Ausbruch der Pandemie auch die Geschäfte gestürmt, aber nicht Klopapier gehortet, sondern Rotwein und Kondome. War trotz Katastrophenstimmung noch Zeit für Liebe und Lebensgenuss? Dafür studiert man doch gerne auf der Uni und erfreut sich an der täglichen Arbeit.

Moment mal! Was hat denn all das mit dem Thema des Buches zu tun, den intelligenten Akademikern, die unsere Zukunft ruinieren? Langsam, dazu komme ich noch.

Unglaublich viele Frauen, die an Schlafstörungen und Psychosen leiden, haben in jungen Jahren die Pille genommen, das heißt, sie haben in den Rhythmus der Natur eingegriffen. (Darum heißt es ja auch „Regel“, weil es regelmäßig ablaufen sollte.) Der Mensch glaubt, mit seiner „Intelligenz“ die Natur austricksen zu können. Er dreht auch im Sommer die Uhr nach vorne, damit ein künstlich erzeugter Tag- und Nachtrhythmus für mehr Umsatz in der Gastronomie sorgt. Der Mensch von heute züchtet genmanipuliertes, geschmackloses Gemüse, das doppelt so schnell wächst, dafür aber nur halb so viele Nährstoffe enthält wie das zu Zeiten unserer Großeltern (dafür aber in Bio-Qualität). Der moderne Mensch tippt mit irre schnellen Fingerbewegungen 2 bis 3 Stunden am Tag auf seiner Handy-Tastatur. Tempo, Tempo – in allen Bereichen des täglichen Lebens. Rund 90% aller Erkrankungen haben ihren Ursprung in einer überhöhten Geschwindigkeit.[(3)] Versuchen Sie mal, mit rasenden Gedanken zu schlafen. Es geht nicht!

Durch mehrstündiges Betrachten niveauloser TV-Serien und Spielfilme bewegen sich die Pupillen rasend schnell hin und her. Genauso aber auch beim Lesen von Texten am PC-Bildschirm. Wie soll bei soviel Bewegung unser Gehirn zur Ruhe kommen? Sie sehen, Geschwindigkeit hat seinen Preis. Nebenbei bemerkt: Die Titanic sank auf ihrer Jungfernfahrt wegen überhöhter Geschwindigkeit, weil die Schiffseigner die Strecke in Rekordzeit zurücklegen wollten.

Nahezu jedes dritte Arzneimittel wirbt damit, schnell zu wirken. Je schneller, desto verkäuflicher. Die ungeduldige Kundschaft nimmt die Nebenwirkungen dafür gerne in Kauf. Wer seinen alten Fernseher einschaltet und länger als 15 Sekunden auf das Bild wartet, wird ausgelacht. Die Geräte von heute haben alle eine Schnellstart-Funktion. Zappen per Fernbedienung ist in, auch wenn das Gehirn die schnelle Bildfolge kaum verarbeiten kann. Doch Geschwindigkeit ist Trumpf. Merken Sie, worauf ich hinaus will?

Ich habe einen guten Bekannten in Zürich, der leitet ein Unternehmen, das Kräutermedizin herstellt. Einmal konfrontierte ich ihn damit, dass nicht alle Schweizer gut auf Deutsche zu sprechen seien, und fragte ihn, woher diese Abneigung käme. Da sagte er, dass viele seiner Landsleute mit der Dynamik der Deutschen nicht klar kommen. Dieses ständige Druckmachen und Antreiben würde mit der Schweizer Mentalität kollidieren. Schweizer würden lieber in Ruhe nachdenken und in der Gruppe besprechen statt dieses schnell, schnell, schnell. Die Deutschen laufen drei Schritte vor, dann zwei zurück. Wer langsam zwei Schritte nach vorne geht, käme eher ans Ziel, meinte er.

2.5. Leisten, um zu leben

Man muss sich mit Ausländern unterhalten oder im Ausland gelebt haben, um die Deutschen zu verstehen – ein emsiges, fleißiges Volk, das eine Schaffenskraft hat, die ihresgleichen sucht. *„Schaffe, schaffe, Häusle baue!"*, sagt der Schwabe. Und dieser innere Drang nach mehr, besser und schneller ist Teil deutscher Gene. Er ist der Grund, warum die Deutschen sich nach dem Krieg in wenigen Jahren erholt hatten, und es ist der Grund, warum die Siegermächte nicht die gesamte Republik einverleibt hatten. Wozu auch? Ein solch tüchtiges Volk muss man hart arbeiten lassen und es sich zunutze machen. Die Gans, die goldene Eier legt, schlachtet man nicht. (Diese angeborene Dynamik müsste man also von außen nicht noch künstlich erhöhen.)

Die Schaffenskraft der Deutschen ist das Elixier, aus dem die Bundesrepublik besteht. Deutschland ist die Wirtschaftslokomotive der EU, und die Regierung setzt alles daran, damit es auch so bleibt. Es ist der schaffende Deutsche, der den Staat mit all seinen Dienern erhält, nichts anderes. Deutschland ist nicht reich an Rohstoffen und Bodenschätzen, und die wenigen Agrargüter reichen nicht mal fürs eigene Volk, sodass aus dem Ausland dazugekauft werden muss. Anders als Österreich, könnte Deutschland vom Tourismus nicht leben. Die Einnahmen aus den paar tausend Besuchern aus Amerika oder China, die sich die Romantische Straße oder den Rhein anschauen, reichen nicht, um 85 Millionen zu ernähren.

Was bleibt? Es bleibt nur der Weg über die Erzeugung hochwertiger, exportfähiger Produkte aus dem Bereich Chemie, Pharmazie, Kraftfahrzeugbau, Fertigungs- und Industrieanlagen, innovative Technologien und dergleichen, sowie Knowhow-Transfer und Dienstleistungen aller Art. Hierzu bedarf es

a) Facharbeiter mit spezialisiertem Wissen, so wie sie es an den Universitäten vermitteln, und
b) emsig arbeitender Massen, die vor lauter Stress und Arbeitsdruck nicht nachdenken und keinen Widerstand leisten.

Beides wird kultiviert, dafür gibt es schließlich **Kultus**minister! Abgeordnete und Industriebosse leben dank unserer Arbeitskraft wie die *Made* im Speck, was ja auf allen Exportwaren steht: „*Made* in Germany". Spaß beiseite. Die Lage ist ernst. Der Preis, den die Deutschen für ihre Vormachtstellung in der Welt zahlen, ist ein viel zu hoher. Sie zahlen mit ihrer Gesundheit und Vitalität.

„Hamburg, 7. Oktober 2022 – Eine Mehrheit der Deutschen (58%) hat sich im letzten Jahr mindestens einmal so gestresst gefühlt, dass es sich auf das tägliche Leben ausgewirkt hat. Bei einem Drittel (32%) wurde der Alltag in den vergangenen zwölf Monaten gleich mehrmals negativ durch Stress beeinflusst. Das ist das Ergebnis einer Studie des Markt- und Meinungsforschungsinstituts Ipsos, die anlässlich des bevorstehenden ‚Welttages für psychische Gesundheit' am 10. Oktober durchgeführt wurde.
Die Hälfte der Befragten (49%) hat sogar mindestens einmal ein so hohes Stresslevel verspürt, dass sie das Gefühl hatten, die Anforderungen des Lebens nicht mehr bewältigen zu können. Mehr als jeder Dritte (36%) berichtet außerdem von so schwer-

wiegenden Stressbelastungen, dass er für einen bestimmten Zeitraum im letzten Jahr nicht zur Arbeit gehen konnte.

Jüngere stehen häufiger unter Stress

Auffällig ist, dass jüngere Menschen deutlich häufiger über Stresssymptome berichten als ältere Befragte. 44 Prozent der unter 35-jährigen Deutschen verspürten im vergangenen Jahr mehrfach die negativen Auswirkungen von Stress auf ihren Alltag. Zum Vergleich: In der mittleren Altersgruppe der 35- bis 49-Jährigen ist das bei jedem Dritten (35%) der Fall, unter den 50- bis 74-Jährigen sogar nur bei jedem Fünften (21%). Jüngere Befragte fühlen sich außerdem leichter durch die von Stress ausgelösten Probleme überfordert. Vier von zehn (40%) jungen Deutschen geben an, dass sie sich letztes Jahr mehrere Male so gestresst gefühlt zu haben, dass sie gefühlt den Anforderungen des Lebens nicht mehr gerecht werden konnten. Dasselbe trifft nur auf 28 Prozent der 35- bis 49-Jährigen zu, in der Altersgruppe 50plus sind es nur 17 Prozent.

Erhebliche Unterschiede gibt es aber nicht nur zwischen den verschiedenen Altersgruppen. Die Studienergebnisse zeigen darüber hinaus, dass sich Frauen, Unverheiratete und Menschen mit geringem Einkommen nach eigenen Angaben deutlich häufiger gestresst fühlen als Männer, Verheiratete und Gutverdiener.

Depressive Verstimmungen bis hin zu Selbstmordgedanken weit verbreitet

Aber nicht nur Stress belastet die Gemüter der Deutschen. 46 Prozent der Bundesbürger geben außerdem an, sich im letzten Jahr mindestens einmal so depressiv gefühlt zu haben, dass sie für einige Wochen oder länger fast jeden Tag traurig oder hoffnungslos waren. Jeder Vierte (25%) hat diese Erfahrung in den vergangenen zwölf Monaten gleich mehrere Male machen müssen. 29 Prozent der Befragten haben nach eigenen Angaben sogar ernsthaft darüber nachgedacht, sich selbst zu verletzen oder gar umzubringen – jedem Siebten (14%) kamen solche Gedanken gleich mehrfach.“[4]

Ipsos.com

Die dampfende Wirtschaftslokomotive Deutschland, die mittlerweile mehr röchelt, als pfeifend den Ton angibt in der Welt, sucht verzweifelt nach Brennmaterial zum Verheizen, denn irgendwie muss sie ja am Laufen bleiben. „Kraft durch Freude“ nannte Hitler sein Konzept, mit dem er seine Arbeiter zu Höchstleistungen antrieb. Er sorgte für billigen Urlaub, gratis Fahrten zu Land und Wasser, Erholungszentren für die ganze Familie und dergleichen. Das funktioniert aber nicht mehr. Heute muss die Peitsche her, mit der die Deutschen angetrieben werden: Leistungsdruck ohne Ende, und zwar in Schule und Beruf.

Und natürlich muss das Leben selbst versüßt werden. Hierfür hält die „soziale“ Marktwirtschaft diverse Verlockungen bereit, die alle auf eines hinauslaufen: Konsum. Die schönen Träume, die man sich erfüllen will, inklusive käuflicher „Liebe“, Gesundheit, Wellness, Erholung, Reisen, schönes Wohnen usw. – vorausgesetzt, man kann es sich LEISTEN. Im Prinzip läuft alles aufs Leisten hinaus.

Dieser Traum geht aber nur dann in Erfüllung, wenn man Geld hat bzw. gut verdient, wobei wir wieder am Anfang landen:

dem fleißigen Lernen in der Schule. Also Abi schaffen, gute Jobs in der Wirtschaft oder in der Forschung ergattern (die im Prinzip ja für die Industrie arbeitet), alles Kritische und Feinfühlige über Bord werfen, und los! Augen zu und durch. Auch wenn keiner glücklich ist, mit unserer Arbeitskraft erhalten wir wenigstens ein System aufrecht, und natürlich dessen Führung, also im Prinzip wie zu Zeiten der NSDAP. *(„Führer befiehl, wir folgen Dir!“)* Dass das Fußvolk dabei energetisch auf dem Zahnfleisch geht, stört niemanden, am wenigsten die Erschaffer des Systems, denn die sind dank ihrer exzellenten Verbindungen zur Politik finanziell abgesichert und harren guter Dinge. Sie leben in ihrer eigenen Welt aus Ideen und realitätsfremden Theorien, die sie sich in langen, mühsamen Diskussionen erarbeitet haben.

Im Deutschen Bundestag sitzen derzeit 736 Mitglieder, deren Zahl ständig wächst. Sie erhalten monatlich eine Abgeordneten-ENTSCHÄDIGUNG, so der offizielle Begriff, von rund 11.000 Euro PLUS einer Kostenpauschale in Höhe von 4.600 Euro, ebenfalls monatlich. (Anm.: Entschädigung enthält „Schaden“.) Zusätzlich bekommen sie diverse Geld- und Sachleistungen von 12.000 Euro pro Jahr (Stand 2023) für Telefon, Büromaterial, Internet und dergleichen.

Daneben dürfen Bundestagsabgeordnete zur Bewältigung ihrer Arbeit in Berlin und im Wahlkreis eigene Mitarbeiter beschäftigen, die sie ebenfalls bezahlt bekommen, bis zu 23.500 Euro(!) im Monat. Wenn ich die vielen anderen Bezüge, Erstattungen, Freifahrten, Freiflüge, Kostenübernahmen usw. auflistete, würden Sie das Buch zuschlagen und aus dem Fenster springen. Also lassen wir es dabei.

Nebenbei bemerkt: Die Mitgliedschaft im Reichstag (von 1871 bis 1918 das Parlament des deutschen Kaiserreichs) war ehrenamtlich. Die Abgeordneten des Reichstages durften keine Bezahlung für ihre Tätigkeit annehmen. Tja, das waren noch Zeiten.

Selbstverständlich sorgen die oberen Zehntausend dafür, dass die paradiesischen Zustände so bleiben. Warum also sollten sie die Geschwindigkeit drosseln und uns auf die Versklavung aufmerksam machen? Das Dumme ist nur, dass sich das System so langsam selbst zerstört, weil der Mensch ohne Herzlichkeit, ohne Zuwendung, ohne Liebe und Wertschätzung seelisch leidet und erkrankt. Da nahezu alle Psychologen ausgebucht sind (Wartezeiten bis zu 5 Monate), muss man sich fragen, wie ein Volk, dessen geistig-seelische Gesundheit dermaßen schlecht ist, noch produktiv, interessiert und motiviert sein kann. Ist das noch intelligent? Fällt den Akademikern in Berlin nichts Besseres ein? Das System lässt sogar neue Krankheiten entstehen (oder nicht richtig heilen), damit die Pharmaindustrie neue Medikamente entwickeln kann. Genial!

Stellen Sie sich einen deutschen Dackel vor, der keine Lust zum Laufen hat. Man bindet ihm eine Stange auf den Rücken, dessen Ende etwa ein Meter über den Kopf hinaus reicht, und an dieses Ende hängt man eine duftende Wurst. Der Dackel rennt der frei schwingenden Wurst hinterher, die er nie zum Fressen bekommt. In dieser Lage befinden sich die meisten von uns.

Die Wurst steht für Glück, Erfüllung und Liebe – Dinge, denen wir zeitlebens hinterherlaufen. Wie schon gesagt, sind die Gewinner die Erbauer und Erhalter des Systems, denen es super gut dabei geht. Nein! Ich bin nicht neidisch und will den Staat nicht überkritisieren, da er ja auch eingreift, wenn Bürger verarmen. Aber man kann vom ihm keine wirkliche Änderung erwarten, da er sich selbst erhalten will – vor allem wirtschaftlich. Darum geht es mir, verehrte Leser.

Die Leistungsgesellschaft finanziert den Staat. Und wenn Sie sich darin unwohl fühlen oder kränkeln, können Sie keine echte Hilfe erwarten. Alle laufen obrigkeitshörig und artig im Hamsterrad, weil es von ihnen erwartet wird. Ein Ausbrechen aus dem System ist unerwünscht, weil es dann zusammenbrechen könnte.

Warum also sollte jemand Ihnen helfen, dass Sie Ihren Weg finden? Warum sollte jemand Ihnen sagen, wie Sie von Krankheiten und Problemen verschont bleiben? Wer hätte dann noch etwas zu verdienen an Ihnen? Sie erhalten das System! Und darum sind Individualisten, die das System hinterfragen, höchst unerwünscht. Alle werden gleichgeschaltet, und darum ist es auch so schwierig, seinen Weg im Leben zu finden – zum einen, weil das Individuelle unterdrückt wird, zum anderen, weil unser Gespür, unsere Wahrnehmung, keinen Wert hat. Doch das Kartenhaus, das Staat und Wirtschaft für den Pöbel errichtet hat, beginnt so langsam einzustürzen. Immer mehr Menschen erwachen und beginnen zu realisieren, was um sie herum geschieht.

2.6. Die Gegenbewegung

Die bedauernswerte geistig-seelische Verfassung des deutschen Volkes ist indes nicht der einzige Faktor, der das Kartenhaus zum Einstürzen bringt. Es gibt da etwas, was Staat und Kirche schon immer ein Dorn im Auge war: Aufklärung.

Dank der deutschen Erfindung des Buchdrucks versuchen mutige Autoren die Republik zum Erwachen zu bringen durch kritische Schriften aller Art, selbst auf die Gefahr hin, für die Verbreitung von Wahrheiten verfolgt und bestraft zu werden, was tatsächlich vorkommt. Mutige Verleger klären Millionen auf über die Irrtümer der Schulmedizin, Schadstoffe in Nahrung und Umwelt sowie über die Beeinflussung der Medien, denen wir täglich ausgesetzt sind. Eine nicht minder wichtige Aufklärung erzielen furchtlose Verlage mit Büchern zu Sinnfragen, zu denen die Kirche nie eine Antwort hätte liefern können, ferner über fernöstliche Weisheiten, Karma und Wiedergeburt, über ganzheitliche Medizin und alternative Ansätze sowie zu spirituellen Themen aller Art, die uns eine Welt vor Augen führen, die wir bis dahin nicht kannten. Viele dieser avantgardistischen Bücher erweitern nicht nur den geistigen Horizont von Millionen, sondern lösen auch ein Umdenken und ein anderes Bewusstsein aus. Diese Welle ist gigantisch! Es ist so, als habe der Dackel in den Spiegel geschaut und den Betrug mit der Wurst bemerkt.

Vor drei Jahren kam ich mit einem fremden Mann Mitte vierzig auf einer Parkbank ins Gespräch. Er war gut gekleidet und erfreute sich des Sonnenscheins an einem Montagnachmittag. Ich fragte ihn, ob er heute frei habe und bekam zu hören, dass er seit einem Jahr nur an vier Tagen die Woche arbeite, der vierte sogar verkürzt. Jetzt würde er 30% weniger verdienen, hätte aber 100% mehr Lebensfreude. Er habe herausgefunden, auch mit weniger Einnahmen gut leben zu können, würde dafür auf teure Reisen und Luxus verzichten. Er wohne in einer gemütlichen kleinen Wohnung und genösse jeden Tag. Jedenfalls sprühte er nur so vor Lebensfreude und guter Energie. Diese Art von Minimalismus hatte es vor 50 Jahren nicht gegeben, setzt sich aber immer weiter durch. Es geschieht also was in Deutschland.

Heutzutage führen alle Supermärkte vegetarische und vegane Produkte in ihrem Sortiment. Es ist noch keine vier Jahrzehnte her, da wurde man als „krank“ oder bestenfalls als „verrückter Sonderling“ angesehen, wenn man kein Fleisch angerührt hat. Kirchenchor und Halleluja sind out. Mantra-Singen und Yoga sind in. Menschen, die meditieren und über Vor- und Nachleben diskutieren, sind heute mehr vertreten als Proleten, die außer Fußball und schnellen Autos kein Thema kennen. Dieser gewaltige Sprung nach vorne ist enorm!

Und während noch vor 30 Jahren jedes Wort geglaubt wurde, was Ärzte über ihre Lippen brachten (zum Teil mit bösen Folgen), geht die Zahl derer, die heilfasten, Leber und Galle reinigen oder sich mit gesunder Kost ihre Gesundheit selbst herstellen, in die Millionen, allein in Europa. Dank dieser Flut an Aufklärung, teils über das Internet, sind die meisten Menschen sich ihrer Körperfunktionen bewusst und wissen – man staune! –, dass der Mensch auch eine Seele hat, die an der Entstehung von Erkrankungen beteiligt ist. Das wäre in den 60er-Jahren nicht denkbar gewesen.

Das bedeutet aber, dass wir schon immer ein höheres Bewusstsein hatten, nicht erst seit es diese Bücher gibt. Es kann ja wohl schlecht sein, dass der Mensch 30.000 Jahre und länger für seine Evolution brauchte, aber erst in den letzten vier Jahrzehnten eine andere Wahrnehmung dazu bekam. Dieser Quantensprung wäre gegen alle Naturgesetze. Nein, wir hatten schon immer eine eingebaute Antenne bzw. ein Gespür für Wahrheit – sie wurde nur unterdrückt!

Was man mit dieser eingebauten Antenne alles wahrnehmen kann, ist so umwerfend, dass mehrere Bücher dafür nicht ausreichten. Sie öffnet nicht nur die Tore zur eigenen, inneren Welt, sondern auch zu göttlichen Botschaften und Inspirationen, mit denen großartige Werke entstehen, wie die von Bach, Beethoven und Mozart, Da Vinci oder Michelangelo. Selbst Kinder haben eine größere Antenne als all unsere Ahnen.

Wer mit dieser Gabe gesegnet ist, kann von großem Nutzen für die Menschheit sein – vorausgesetzt, er gerät nicht in ein deutsches Schulsystem. Das nämlich macht alle gleich und unterdrückt die Wahrnehmung. Ist das Denken erst mal so programmiert, dass wir den Zugang zur inneren Stimme verlieren, führt das zu seelischem Stress. Nun, bei artigen, systemhörigen Bürgern, die sich über viele Jahre hinweg angepasst haben und dem Konsum frönen, wohl weniger. Der Mut zum Umdenken, der Wille zum Ausleben der Natur und Veranlagung, all das ging längst bei ihnen verloren. Bei kleinen Kindern ist der Kontakt zur inneren, zur göttlichen Welt noch intakt. Deren göttliche Intelligenz („Intelligenz" diesmal in positivem Sinne) rebelliert, wenn man nicht auf sie eingeht. Was das auslöst, erfahren Sie im nächsten Kapitel.

Teil 3

Wenn die Seele schreit

3.1. Die kranke Kinderseele

Hannelore S., eine zehnjährige Grundschülerin, wurde von ihrer Mutter zu mir gebracht wegen erheblicher Konzentrationsschwierigkeiten und Übergewicht, beides seit einem Jahr. Davor hätte es nie Probleme gegeben. Im Gespräch alleine mit ihr (die Mutter schickte ich spazieren) fand ich heraus, dass sie sich ab der vierten Klasse zunehmend Gedanken machte über das Gymnasium, auf das ihr Vater sie schicken wollte.

Von älteren Freundinnen habe sie erfahren, wie hart die Anforderungen dort seien, und dass ihr Leben dann nur noch aus Lernen bestünde. Im letzten Grundschuljahr sei sie von ihrem Vater zu besseren Noten angetrieben worden unter Androhung von Fernsehverbot und Taschengeldkürzungen. Schnell wurde mir klar, dass sie ein Typ war, der unter Druck nicht gut lernen konnte. Um den Stress zu kompensieren, aß Hannelore vermehrt Süßigkeiten. Daher die Gewichtszunahme. Ohne Abitur und ohne Studium sei man nichts, habe der Vater immer wieder gesagt. (Anm.: Man kann zumindest noch Bundeskanzler oder Abgeordneter werden. Dafür reicht die deutsche Staatsangehörigkeit.)

Das Mädchen tat mir leid. Ich spürte sofort, dass sie eine alte Seele war. Sie war wesentlich reifer als Gleichaltrige, feinfühlig, und ihre innere Welt riesig groß. Vormachen konnte man ihr nichts. Musik und Kunst mochte sie am meisten, und auch Deutsch machte ihr Spaß. Wenn es nach ihr ginge, würde sie am liebsten Künstlerin werden, doch selbst dafür, so ihr Papa, bräuchte man ein Studium, oder man würde auf der Straße landen. Ich arbeitete einen Anti-Stress-Plan mit ihr aus, der auch eine gesündere Ernährung beinhaltete, gab ihr ein paar Entspannungstechniken und wandte mich am Ende der Mutter zu. Ich riet zur Realschule, wo der Lerndruck geringer sei. Bei guter Leistung könne sie später immer noch aufs Gymnasium wechseln. Ganz direkt fragte ich sie, wie sie selbst wohl reagieren würde, wenn man sie zu Hochleistungen zwänge, oder sie unter Druck arbeiten müsse. Würde sie auf Dauer nicht auch blockieren? Sie verstand und meinte, sie wolle mit ihrem Mann sprechen. Danach hörte ich nie wieder von ihnen. Vielleicht hatte der Vater sich über meine Ansicht mit dem Abi geärgert, ich weiß es nicht. Doch im Bekanntenkreis gibt es viele solcher Fälle.

Oft gehen beide Eltern arbeiten und holen ihre Kinder um 16 Uhr, manchmal um 17 Uhr nachmittags von der Grundschule ab, wo es ein Betreuungsangebot für solche Fälle gibt. Theresia B., eine Betreuerin in Trier, die ich persönlich kenne, sagte mir, dass zwei Drittel der arbeitenden Mütter finanziell gesehen gar nicht arbeiten gehen müssten, zu Hause bleiben und ihr Kind betreuen könnten. Aber der Wunsch nach Freiheit, zwei teuren Urlaubsreisen pro Jahr, dem eigenen Auto und anderen Anschaffungen, dem Bedürfnis, sich in der Arbeitswelt behaupten und Karriere machen zu können, sei ihnen wichtiger, als sich um die Kinder zu kümmern – ein Trend, der in den vergangenen zwanzig Jahren stark zugenommen habe. Die Kleinen würden ihr leid tun. Oft warteten sie weinend auf ihre Mütter und verstünden nicht, warum sie nicht nach Hause dürften. Gerade die sensiblen unter ihnen würden daran zerbrechen.

Ich sprach mit Liisa hierüber, eine aufgeweckte, sensitive Frau aus Finnland, die überwiegend in Deutschland zur Schule ging. Ich wollte wissen, ob die Kinder in Finnland auch weinten, wenn sie nachmittags in der Schule bleiben müssten. Sie sagte, Ganztagsschulen seien dort normal, weil wegen der niedrigen Löhne und hohen Arbeitslosigkeit beide Eltern arbeiten müssten. Im Allgemeinen sei es kein Problem für die Kinder, die sich nach einigen Wochen schnell daran gewöhnten, auch weil die Lehrer sehr auf ihre individuellen Bedürfnisse eingingen. *„Also keine Heulerei um zwölf Uhr…“*, dachte ich für mich. Als hätte sie meine Gedanken gelesen, ergänzte sie:

> *„Wenn an einer deutschen Grundschule ein Drittel aller Kinder zurück bleiben, aber alle anderen von ihren Müttern abgeholt werden, fragen sich die ‚Hinterbliebenen', warum sie denn nicht wie die anderen abgeholt werden. ‚Liebt meine Mama mich nicht?' ‚Wo bleibt sie denn nur?' und dergleichen Fragen gehen dann sicher durch deren Köpfe, was auf Dauer traumatisieren kann.“*

Obwohl Liisa erst 24 Jahre jung ist und selbst keine Kinder hat oder kennt, die in einer Nachmittagsbetreuung abgegeben werden, konnte sie sich erstaunlich gut in deren Lage versetzen. Sie fügte hinzu, dass immer mehr Mütter in Deutschland, im Vergleich zu finnischen, in ihrem Alltag gefangen seien und Kindern nicht die notwendige Aufmerksamkeit schenkten. Entweder seien sie in Gedanken bei Freundinnen oder bei der Arbeit, oder würden permanent auf ihr Handy starren, selbst wenn sie ihr Kind im Kinderwagen schöben.

Jedenfalls war „meine Hannelore“ kein Einzelfall. Ab einem gewissen Punkt machen die Schüler ganz zu, flüchten in die virtuelle Welt des Internets und verlieren die Kraft zum Lernen. Wachsen solche Kinder in schlechtem Umfeld auf, geraten sie auf der Suche nach Hilfe womöglich in schlechte Gesellschaft oder werden aggressiv. Da die neue Generation sich mit der digitalen Technik gut auskennt, suchen sie online Hilfe unter Gleichaltrigen, statt sich an ihre Lehrer zu wenden, die zum Teil selbst überfordert sind, aber auch weil Kinder sich Erwachsenen gegenüber nicht so gut ausdrücken und verständlich machen können. In sogenannten Blogs und Foren schicken sie ihr SOS los, was dann von Hunderten gelesen und geteilt wird.

Im Buch »Wenn ich nur noch einen Tag zu leben hätte« von Günther Klempnauer werden Aussagen hunderter Jugendlicher zum Thema Sterben gesammelt. Ich zitiere den Projektleiter:

> ***„Angesichts des Todes wollen nur wenige Schüler die Kirche in Anspruch nehmen. In den 530 Aufsätzen erscheint die Kirche achtzehn Mal, der Pastor siebzehn Mal und der Lehrer nur zwei Mal. Man erwartet von ihnen keine Hilfe mehr.“***

Das Projekt liegt 45 Jahre zurück. Heute wären die Antworten wohl noch krasser. Was nur tun wir den Kindern an? Wenn wir Erwachsene schon leiden unter der Diskrepanz zwischen innerer und äußerer Welt und dem ganzen Irrsinn, um wie viel mehr müssen Kinder erst leiden? Die haben eine viel dünnere Haut, noch weniger Schutz, noch weniger verbale Ausdrucksmöglichkeiten, noch weniger Durchblick, dafür aber umso mehr Gespür. Mir kamen die Tränen, als ich im Buch »Die Kinder des neuen Jahrtausends« von Jan Holey (Jan van Helsing) las. Dort wird von feinfühligen Kindern berichtet, die mit ihren Schutzengeln kommunizieren, Geistwesen sehen, die Zukunft deuten und Fragmente ihres vorgeburtlichen Daseins abrufen können. Doch man muss kein feinfühliges Indigo-Kind oder medial veranlagt sein, um zu spüren, dass die intellektuelle Zwangsjacke, in die wir spätestens ab der dritten Grundschulklasse gesteckt werden, weder unserem Herzen noch unserer Seele gut tut.

Viele Kinder haben meiner Beobachtung zufolge eine böse Ahnung von dem, was da in der Welt der Erwachsenen auf sie zukommt. Oder übertreibe ich da vielleicht? Nun, vor acht Jahren durfte ich in der Kinderarzt-Praxis von Dr. Irmgard Holzer in Baden-Baden mitarbeiten. Sie übergab mir Fälle zur Beratung, bei denen die Ursache im seelischen Bereich lag. Oft kamen die Eltern mit. Zusammenfassend kann ich behaupten, dass keiner der Kleinen so richtig glücklich war. Aufgedreht, zum Teil entwurzelt, süchtig nach Fernsehen und Handy, litten sie an Konzentrationsmangel, Schlafstörungen, innerer Unruhe und Angst, was bei einigen Menschen Inkontinenz im Schlaf auslöste – ein Problem, das vor 30 Jahren unbekannt war.

Vielen der Acht- bis Sechzehnjährigen sah ich ihre Angst an, auch wenn sie es nicht verbal artikulieren konnten. Sie wirkten blass, freudlos, deprimiert, verwirrt, hilfesuchend. Sie litten seelisch, und das beruht nicht auf meiner Feststellung allein. Jugendpsychologen in Deutschland, deren Praxen zum großen Teil überlaufen sind, schlagen seit Jahren Alarm wegen der Zunahme von Depressionen und Suiziden, nebst Nahrungsmittelunverträglichkeiten und Allergien unter Teenagern. Logisch, denn wenn der Geist rebelliert, wird der Körper krank.

Doch statt auf die schlechte geistig-seelische Gesundheit der Schüler einzugehen, diskutiert man auf den Kultusminister-Konferenzen lieber, ob man den NC für Psychologiestudenten anheben, also strenger verfahren solle, da diese begehrte Fakultät mit langen Wartelisten verbunden ist. (Anm.: Viele Psychologiestudenten versuchen über ihr Studium ihre eigenen Probleme zu lösen. So kenne ich einige Psychologen mit unschöner Kindheit, die das Kernproblem ihrer Patienten bei deren Eltern vermuten, kaum dass die Sitzung begonnen hat.)

Wie dem auch sei: Wenn sich schon 16-jährige Gymnasiasten ernsthaft Sorgen um ihre Rente bzw. Altersversorgung machen, und wenn Ärzte Alarm schlagen, weil die Zahl suizidgefährdeter Jugendlicher stark zunimmt, dann stimmt irgendwas nicht mit unserer Gesellschaft, mit dem System. Wozu das alles? Nur damit wir uns von der Arbeitswelt versklaven lassen und dem Staat als steuerzahlende Arbeitskraft dienen können?

Da gehen zigtausende Schüler für „Fridays for Future" auf Demos und schwänzen die Schule, merken aber nicht, dass die CO_2-Belastung der Umwelt das Geringste ihrer Probleme ist. Durch die Konditionierung ihres Denkens und Lernens werden sie passend gemacht für die Wirtschaft, denn die finanziert letztendlich den Staat. Wir werden versklavt und machen uns Gedanken um ein paar Bäume in irgendeinem Wald.

3.2. Ich lebe nicht

Nichts gegen das Lernen an sich, und nichts gegen Anstrengen im Leben. Das gehört nun mal dazu. Doch die Form des Lernens löst Stress in Kindern aus. Alles, was in der Schule zählt, sind Noten, also Fächer, in denen wir gut oder schlecht sind, und die dann aussagen sollen, welcher Beruf zu uns passt. Ich traf bislang noch keinen, inklusive meiner Wenigkeit, bei dem das funktioniert hat. Die Kultusminister könnten etwas dagegen tun, doch das werden sie nicht. Der Deutsche hat zu funktionieren, fertig, aus!

Junge Arbeitnehmer zerbrechen ebenso am Leistungssystem. Wenn junge Frauen im besten Alter sich vor „der Welt da draußen" fürchten, depressiv werden und am liebsten sterben würden, stimmt etwas nicht mit dem System. Denn solche Not kenne ich nicht aus anderen Ländern. Im Internet fand ich passend dazu folgenden SOS-Ruf:

> *„Ich lebe nicht, ich funktioniere nur … und selbst das schaffe ich derzeit nur mit höchster Kraftanstrengung, und das selbst nicht mehr gut genug. Die Fassade bröckelt, ich kann nicht mehr ganz das Bild der starken Persönlichkeit ohne Probleme in der Öffentlichkeit aufrechterhalten. Immer mehr passieren mir Patzer. Ich bin zu müde, zu erschöpft, zu fertig, um freundlich, offen, tolerant und hilfsbereit zu sein.*
> *Jetzt ist Pfingsten. Drei Tage, an denen ich einfach zusammenbrechen kann, mich wegschließen kann von den Verpflichtungen und Erwartungen anderer. Es ist manchmal doch gut, einsam zu sein, denn es gibt niemanden, dem man zur Last fallen könnte.*

Ich strenge mich an, ich stehe auf und ich versuche etwas zu machen, um nicht noch tiefer in die negativen Gedanken abzurutschen. Es ist ein Kampf, aber ich frage mich, warum? Für wen? Für mich? Was soll ich mit mir? Ich bin ein Wrack. Niemand will mich haben. Ich mich selber nicht.
Im Moment stehe ich auf, um den Schein zu wahren, um nicht tiefer abzurutschen, um am Dienstag wieder funktionieren zu können. Für nicht mehr und nicht weniger."

www.Hilferuf.de, 12.6.2011

Dieser Text wurde unter einem Pseudonym gesendet und liegt zwölf Jahre zurück. Zwischenzeitlich nahm das Desaster erheblich zu. In anderen Einträgen wiederum ist die Rede von Suizidabsichten. Ein wahres Chaos brodelt hier in unserer Gesellschaft, und ich vermute, dass die Gesamtzahl in die Millionen geht, wobei die Hilferufe der sozialen Netzwerke nur die Spitze des Eisberges sind. Spitzt sich die Lage weiter zu, wird es zum Problem für die ganze Gesellschaft und belastet unser Gesundheitssystem ebenfalls. Nur zur Erinnerung: Die deutschen Kultusminister haben alle studiert. Ist der erbärmliche Zustand in Deutschland die Krone der Intelligenz? Oder gehen wir letztendlich alle an Dummheit zugrunde? **Der Staat gibt jährlich Millionen aus, um die Köpfe unserer Kinder mit Wissen zu füllen. Aber was wird investiert, um ihre Herzen zu kultivieren?**

Ich stehe nicht alleine mit diesen Beobachtungen. Jan Holey hat ein fünfhundertseitiges Buch solcher Begegnungen mit „erwachten" Kindern gefüllt. Ich zitiere:

„Immer mehr wollen das glauben, was sie in ihrem Inneren wahrnehmen, anstatt das, was von Außen suggeriert wird. Sie wollen keine ‚guten Mitbürger' mehr sein, kein ‚Rädchen im Sozialgefüge'. Nein, sie wollen nur eines, und das ganz bewusst: Selbst verantwortlich. Die wahre Lehre kommt von Innen, und unsere Kinder präsentieren uns die Liebe bzw. das Herz jeden Tag aufs Neue. Die größte Chance liegt bei unseren Kindern. Durch sie kommen wir an frische, unverbrauchte Informationen…"

Ich wünschte, es gelangten noch mehr zu dieser Einsicht.

Das Verrückte ist, dass wir merken, wenn wir etwas gegen unser Gespür, gegen unsere innere Intelligenz tun. Es fühlt sich irgendwie unstimmig an, Freude und Kraft gehen verloren, es rumort im Unterbewusstsein, wir schlafen schlecht, wir fühlen sehr wohl, dass da etwas nicht stimmt. Doch das ignorieren wir. Zum einen, weil es stört bzw. nicht mit Außenwelt kompatibel ist, zum anderen, weil es uns verunsichert, wir nicht wissen, was und wie wir etwas ändern können. Nun könnte man sagen: *„Moment mal, ich dachte, das Universum (oder der liebe Gott) sind perfekt? Warum korrigiert sich die Abweichung nicht von selbst?"* Ganz einfach, weil wir verstrickt sind mit der äußeren Welt, dem Konsum, dem Geldverdienen, der Urlaubsplanung. Oder weil wir uns permanent ablenken lassen von dämlichen Nachrichten, von TikTok, von der Suche nach Sex und Vergnügen, dem Internet, dem Ärger mit unseren Mitmenschen, der enormen Informationsflut usw. Suchen Sie sich eine Ursache aus. Es gibt bestimmt eine.

Kinder allerdings sind weniger verzettelt, da ihr Denken (noch) nicht konditioniert, ihr Geist noch nicht intellektualisiert ist. Das heißt, sie sind offener, feinfühliger und annahmebereiter für die Signale „von oben“ und spüren – deutlicher als Erwachsene –, ob etwas zu ihnen passt oder nicht. Sie spüren dank ihrer intakten Antenne ganz genau, ob der nette Onkel zu Besuch wirklich nett ist oder böse Absichten hat. (Hunde übrigens auch.) Auch sind sie mit ihrer Seele verbunden, was man spätestens seit dem Lesen von »Die Kinder des neuen Jahrtausends« weiß. Intuitiv erfühlen sie, welche Speisen ihnen gut tun, und welche nicht. Das Ausspucken von „gesundem“ Spinat ist somit in Ordnung, auch wenn Erwachsene es nicht verstehen wollen. Ihre heile innere Welt sowie die Art und Weise ihrer Wahrnehmung ist also intakt, wird jedoch mit Schuleintritt unterdrückt und ersetzt durch logisches Denken. Das muss ja zu Konflikten führen!

Kinder haben Visionen und Träume und sehr gute Vorstellungen von ihren Aufgaben im Leben. Sie sind Idealisten und wollen helfen. (Manche kamen auf die Welt, nur um ihren Eltern zu helfen, wenn man Experten auf diesem Gebiet glauben kann.) Dank ihrem Gespür könnten sie der Gesellschaft von großem Nutzen sein. Doch das wird ihnen im deutschen Schulsystem genommen. Alle müssen das Gleiche lernen, verstehen, beantworten, auch die Lehrer, die ja in diesem System groß geworden sind. Lernen wie Unterrichten wird in ein standardisierbares Konzept gesteckt. Das vereinfacht die Verbreitung, schließlich will der Deutsche effizient sein. Je mehr Druck ausgeübt wird *(„Ohne Abi bist Du verloren!“)*, desto kränker werden Schüler, auch wenn es keiner merkt. Denn sie wollen ja ihre Eltern nicht enttäuschen, wollen nicht auf der Strecke bleiben, sehen ja doch irgendwie ein, dass sie zum Überleben Geld brauchen, und dass der Weg dahin gute Noten sind.

Es geht mir nicht darum, das deutsche Schul- und Bildungswesen generell zu kritisieren, da es ja auch gute Seiten hat und dem Gelderwerb der breiten Massen dient, unsere Wirtschaft mit Arbeitskräften versorgt und so weiter. Schließlich muss der Rubel rollen. Aber es behindert die Entwicklung innerer Intelligenz, die Kinder noch haben, etwas, von dem die momentan Regierenden und wichtigen Entscheidungsträger mehr bräuchten als alles andere – besonders dann, wenn sie mit Theorien und akademischem Wissen nicht weiterkommen. Die ganze Entwicklung mitsamt Werteverlust ist gegen die menschliche Natur und gegen die menschliche Intelligenz. Doch die Irrfahrt nimmt kein Ende.

Früher hatten wir Idole im realen Leben, wollten so werden wie unsere Lehrerin oder unser Opa oder wie Pierre Brice, der beliebte Winnetou-Darsteller meiner Jugend. Nur reale Vorbilder können uns inspirieren. Werden sie durch virtuelle ersetzt, werden Kinder noch verschlossener, noch unansprechbarer.

Israel, Australien, China und Frankreich verbieten Smart-Phones und dergleichen an Schulen, da sie die Konzentration beeinflussen, Kurzsichtigkeit auslösen und spielsüchtig machen. Was hindert uns daran? Eine deutsche Gymnasiastin teilte mir mit, ihr Lehrer würde ihnen Hausaufgaben aufgeben, die nur mittels Internet-Zugang zu lösen seien. So würde sich ein Bild prägen, das Internet sei die Quelle des Wissens.

Es besteht die Gefahr, dass Jugendliche letztendlich ganz abkommen von ihrer Wahrnehmung und in eine Falle tappen, aus der sie so schnell nicht wieder herauskommen. Auch wäre es falsch, der Handy-Industrie die Alleinschuld für das Dilemma zu geben. Denn jeder Benutzer hat die freie Wahl: Nutzen oder nicht nutzen bzw. stark eingeschränkt nutzen. Welche Auswirkungen die kleinen teuflischen Dinger auf unser Bewusstsein haben, erkläre ich im nächsten Kapitel.

Doch zuvor noch ein interessantes Interview mit einem Schulleiter, das ich am 2.4.2023 mit ihm führte.

Interview mit Herrn B. Schmidt, einem pensionierten Gymnasialdirektor.

Herr B., sehen Sie eine signifikante Zunahme psychosomatischer Störungen bei Kindern bzw. Jugendlichen?

Ich sehe, dass eine zunehmende Anzahl von Kindern Schwierigkeiten hat, mit den Erwartungen von Schule zurecht zu kommen. Warum so viele Jugendliche psychisch krank sind? Weil ihre Eltern psychisch krank sind, ohne es wahrhaben zu wollen.

Würden Sie sagen, dass der Lernstress bzw. -druck heutzutage im Vergleich zu Ihrer Jugend zugenommen hat?

Ich würde eher von Lebensstress sprechen. Wenn – physikalisch gesprochen – durch die gleiche Röhre wesentlich mehr Ströme fließen müssen oder das gleiche Volumen durch eine engere Röhre fließen muss, löst dies erhöhten Druck aus. Hinzu kommen die emotionalen Destabilisierungen im Familiensystem.

Ich habe häufig als Schulleiter beobachten müssen, dass sehr gute Schüler mit der Trennung der Eltern schlagartig in ihren schulischen Leistungen eingebrochen sind. Die Bedingungen für das Lernen unserer Kinder und Jugendlichen sind fast unermesslich belastender geworden. Mein Vater leitete eine Hauptschule, war später Schulrat, aber Schulstress war definitiv kein Thema, genauso wenig bei uns im Gymnasium. Auch meine Frau kennt das Thema Schulstress aus ihrer Gymnasialzeit nicht. Es gab schwere Themen und schwere Klausuren, man hat mal intensiv gelernt und ging am Wochenende nicht zum Fußballspiel, hatte auch definitiv Angst vor Klassenarbeiten oder Angst, dass ein unangekündigter Test geschrieben würde. Ich erinnere mich, dass ich mal meinen Eltern Krankheit vorgespielt hatte, um eine „im Raum stehende" Klassenarbeit nicht schreiben zu müssen. Meine Frau erzählt, dass im Internat vor Klassenarbeiten die Krankenstation höher belegt war. Aber wir haben den Begriff Stress nicht verwendet.

Aber wir hatten auch weniger Konkurrenten zum täglichen ritualisierten Lernen. Wir hatten bis zu meinem 14. Lebensjahr kein Fernsehgerät. Es gab keine Handys, wir hatten bis zu meinem 14. Lebensjahr auch kein Telefon. „Gefährlich für das Lernen" war Karl May Lesen oder wenn deutlich hörbar die anderen Kinder und Jugendlichen unten auf der Straße gegen 16:30 Uhr anfingen, Fußball zu spielen, und man dann beschloss, mit den Hausaufgaben fertig zu sein. Es war den Lehrern nicht verboten, übers Wochenende Hausaufgaben aufzugeben. Also war die Bewältigung des Lernstoffs auf sechs Wochentage verteilt. Nur der Sonntag war lernfrei. Und mit einem Abiturdurchschnitt von 2,0 konnte man Medizin studieren.

Sind Sie der Auffassung, dass im Schulsystem zu viel Wert auf Wissen bzw. Intellektualisierung gelegt wird? Banal gesagt, dass die Kinder zu Kopflastigkeit erzogen werden und dabei das intuitive Denken (innere Wahrnehmung) unterdrückt wird?

Ich bin nicht der Meinung, dass intuitives Denken „unterdrückt“ wird, sondern dass die Zeit bzw. Räume dafür fehlen, innerhalb derer Kindern, Jugendlichen und jungen Erwachsenen reale Chancen der Lebensbewältigung und Stabilisierung gegeben werden. Außerdem müssen wir zur Kenntnis nehmen, dass es einen gewissen Anteil von Kindern, Jugendlichen und jungen Erwachsenen mit intellektueller Neugier, Wissensdurst und Freude an der Lösung von schwierigen Sachfragen gibt. Und dann gibt es solche mit größtem praktischen Geschick und großer Freude am Herstellen und Gestalten (wozu die erstgenannte Gruppe nie im Stande ist), und denen das Theoretisieren, das denkerische Durchdringen der Abstraktionsleistungen in Mathematik oder Philosophie oder Literatur tödlich langweilig ist.

Glauben Sie, dass es einen 7. Sinn gibt, und wenn ja, ob er in der Schule ausgeschaltet wird?

Ich bin fest davon überzeugt, dass es für jeden einzelnen Menschen einen Lebenssinn gibt, den zu erspüren uns die sechs davor liegenden Sinne manchmal etwas versperren. Der eigenen Intuition dafür nachzugehen, sehe ich als wichtigen Erziehungs- und Bildungsauftrag. Es gilt, nicht nur junge Menschen, sondern überhaupt die Menschen für das Aufspüren und dann auch Ver-

folgen ihres jeweils eigenen Lebenssinns, der sicherlich mehr ist und tiefer als der landläufige, sogenannte 7. Sinn, zu sensibilisieren. Dazu sind die Impulse aus der ästhetischen Bildung, der Literatur, der Philosophie, der Theologie, der Geschichte, ja sogar der Mathematik und Naturwissenschaften sehr hilfreich, sofern die Menschen in der Lage sind, diese zu entschlüsseln und für ihre eigenen Fragestellungen und die ihrer sozialen Umgebung fruchtbar zu machen.

Dieser Sinn wird in der Schule nicht ausgeschaltet, sondern es wird ihm kein (Zeit-)Raum gegeben, weil Schüler und Lehrer auf halbem und viertel Weg stehen bleiben, statt zur Relevanz der objektivierten Sachverhalte für den jeweils eigenen Lebenssinn nachgehen zu können. (Anmerkung meinerseits: was so ist wie ein „Ausschalten".)

Glauben Sie, dass Kinder zu sehr in eine bestimmte Richtung gedrängt werden, die nicht unbedingt konform zu ihrer Lebensaufgabe (Berufung) steht? (z.B. „*Du musst Abi schaffen.*" „*Ein guter NC bestimmt Dein Leben.*" „*Ohne Studium ist man nichts.*" etc.)

Das sind berechtigte Feststellungen, die eine fatale gesellschaftliche Bewertung von schulischen Abschlüssen signalisieren, die auch noch mit der volkswirtschaftlichen Realität kollidiert. Es gibt sicherlich gut situierte Elternhäuser, die ihren Kindern Studienfächer und Ausbildungen ohne Nachfrage am Arbeitsmarkt erlauben können…

Zusatzfrage: Angenommen, es gäbe eine Methode, mit der man die Intuition bzw. die innere Wahrnehmung erhöhen kann, und mittels derer man seine Bestimmung, aber auch die

Zusammenhänge in der Welt besser verstünde, sollte man diese an Schulen vermitteln? Oder ist das Aufgabe der Gesellschaft, z.B. in Form von Seminaren und Kursen außerhalb der Schulbildung?

Hier bekam mein Interviewpartner plötzlich kalte Füße. Ja, er wollte gar einen Rückzug insgesamt machen. Bekam er als Pensionsempfänger Angst vor behördlichem Ärger? Immerhin war er zeitlebens Beamter. Wollte er das staatlich abgesegnete Schulsystem nicht angreifen oder sich nicht in die Entscheide seines Kultusministers einmischen? Spürte er, dass der von mir angesprochene Ausweg zu brisant ist? Er wuchs ja in einer Zeit auf, in der man noch obrigkeitshöriger war als heute. Vielleicht habe ich ihn auch mit dieser Frage überfordert. Er schweigt seit dem Interview, was mir zu denken gibt.

Dennoch bin ich ihm dankbar für die Zeit, die er sich nahm. Sein Denken reflektiert die Zeit seiner Jugend, in der auch die deutschen Spitzenpolitiker aufwuchsen, frei von Handys, frei von Blödel-TV.

3.3. Die Handy-Falle

Lachen Sie nicht, aber sind wir nicht alle Lichtanbeter? Wir erfreuen uns an der Sonne, am hellen Mond, an Feuerwerken. Licht suggeriert Positives, Leben, Energie und Hoffnung. Darum sind Weihnachtsbeleuchtungen in der tristen, depressiven Jahreszeit Balsam für die Seele. Wir lieben Kerzen im Winter und können stundenlang ein Kaminfeuer anschauen. Je düsterer und unheilvoller das Umfeld, desto mehr sehnen wir uns nach einem hellen Ausweg, nach Licht.

Das Leuchten von Handy-Bildschirmen und Computern hat etwas Anziehendes, ja fast schon Hypnotisierendes. (Früher war es der Fernseher.) Mir selbst kommt es manchmal so vor, als hätte das Handy ein eigenes Leben, als zöge es mich beim Betrachten in sein leuchtenden, buntes Inneres. Zusätzlich ist man per Fingerdruck mit dem Rest der Welt verbunden. Ich könnte mir vorstellen, dass Menschen, die unzufrieden und deprimiert sind, hier eine Art „Rettung“ oder Hoffnung sehen.

Wenn schon das Leuchten in den Augen der Eltern verschwunden ist, wenn schon das Licht in den Herzen der Mitmenschen immer weniger wird, dann braucht man einen Ersatz. Je dunkler die Zeiten, desto mehr sehnen wir uns nach Licht, selbst wenn es künstlich ist. Ist das im Grunde nicht traurig? Wir flüchten in eine künstliche Lichtwelt, weil das wahre Licht im Leben in Form von Liebe und Warmherzigkeit fehlt.

Auch Kleinkinder sind fasziniert vom strahlenden Flimmern, wie es von einem Bildschirm ausgeht, schauen ihn andächtig und ehrfürchtig an, werden still und ruhig, weshalb man sie gerne davor setzt. Was für ein Ersatz! Ein strahlender Flimmerkasten oder PC-Bildschirm statt dem strahlenden Lächeln der Eltern. Und keiner unternimmt etwas dagegen. Weil es so schön bequem ist. Und was hat das mit Bewusstsein zu tun? Alles! Falsche Handy- und Internet-Benutzung lenkt ab von der Realität und verwischt unsere bewusste Wahrnehmung der Umwelt.

Wenn Sie Kinder oder Enkel haben, die ein iPhone oder SmartPhone besitzen, reden Sie mit ihnen und erklären Sie ihnen, dass wir dadurch verblöden, dass wir, gefangen in der virtuellen Welt, nicht mehr klar denken können und zu Sklaven werden. Zeigen Sie ihnen Bilder echter Sklaven, wie sie an dicke Fußfesseln gekettet sind und freudlos dahinsiechen. Und noch einmal: Es geht hier nicht um die vielen negativen Auswirkungen von Handy und Internet auf unsere Gesundheit. Es geht darum, dass wir durch falsche und übermäßige Nutzung den Kontakt zu uns selbst verlieren! Das Einzige, was uns vor falschen Entscheidungen im Leben und vor großem Unglück retten kann, ist unsere eingebaute Warnanlage! Wie will man die wahrnehmen, wenn wir uns dauernd ablenken lassen? Sekundär leidet zwar auch unsere körperliche und mentale Gesundheit, doch darüber gibt es andere, bessere Bücher, wie die von Dr. Manfred Spitzer zum Beispiel.[(5)]

Wer glücklich sein will, macht sich frei von sozialen Netzwerken und identifiziert sich mit Menschen im realen Leben. Nicht nur Jugendliche, selbst Erwachsene identifizieren sich mit ihrem Profil auf social media und sehen dieses als Ideal an. Je mehr „Likes“ und Kontakte sie ernten, desto weiter verlieren sie sich in einem künstlichen Bild ihrer Selbst, statt ein echtes „Ich“

aufzubauen und ihre individuellen Fähigkeiten zu erkunden. Nein, auch hier geht es mir nicht um psychologische Aspekte, sondern um die traurige Tatsache, dass all das ablenkt von unserer inneren Stimme, bis es zu einer totalen Bewusstseinsblockierung kommt – ein Idealzustand in den Augen derer, die uns beeinflussen und manipulieren wollen! Wie wollen wir da eine ideale Arbeit, einen idealen Partner finden, wenn unser Gespür nicht funktioniert? Bitte seien Sie sich dessen bewusst.

Wie gesagt, unser inneres Gespür ist nie ganz weg und kann reaktiviert werden, was jedoch mit fortschreitendem Alter immer schwieriger wird und nur durch Probleme, Krankheiten und sonstige „Fußtritte von oben“ funktioniert. Es gibt ein bestimmtes Alter, das ideal ist zum Umdenken, Umkehren und Rebellieren: die Pubertät.

3.4. Pubertät ist göttliche Intelligenz

Die innere Wahrnehmung, der Kontakt zum höheren Selbst, den wir alle als Kinder hatten, wird, wie schon erklärt, nur verdrängt, nie restlos ausgelöscht. Wer sich in seine Kindheit zurückversetzt, erinnert sich vielleicht, wie ihm vieles in der Welt der Erwachsenen absurd und falsch vorkam. Was man uns in der Schule beibringen wollte, ergab oft keinen Sinn. Doch Rebellieren nützte nichts. Was will man als Zwölf- oder Vierzehnjähriger schon tun außer der Flucht in virtuelle Welten? Mit Einsetzen der Pubertät ist das Chaos dann perfekt. Nicht jedoch aus Sicht höherer Intelligenz.

Mit vierzehn (plus minus zwei Jahre) wurden wir trotzig und ungehorsam. Jaja, die Hormone, sagten dann unsere Eltern wehleidig, als ob sie selber nie in der Pubertät gewesen wären. Wir stritten mit den Erwachsenen, wo es nur ging, wollten am liebsten weglaufen – alles Signale unsere Seele, die uns Folgendes mitteilen will:

> *„Hör zu kleiner Mann, was Du von Geburt an fühltest, ist absolut richtig. Deine Sichtweise von der Welt und was Du in ihr machen willst, wird von ganz oben abgesegnet. Deine Engel stehen hinter Dir, auch wenn Du sie immer seltener wahrnimmst. Du musst nun entscheiden, ob Du Dich dem Unsinn im Äußeren beugen oder andere, eigene Wege gehen möchtest. Denn in wenigen Monaten wird Dein Körper Unmengen an Sexualhormonen ausschütten, was eine intuitive Wahrnehmung erschwert. Die Natur hat in Dir ein Reproduktionsprogramm eingebaut, das dem Erhalt der menschlichen Rasse bzw. der Fortpflanzung*

dient, und das wird Dir dann mächtig zu schaffen machen. Also bleib Dir treu. Glaube an Deine Träume. Leb sie aus! JETZT!"

Letzteres ist meine persönliche Interpretation der Pubertät, also aus geistiger Perspektive. Wir bekommen mächtig Druck von oben, zusätzlich zum Druck in den Leisten, zusätzlich zum Druck in der Schule. Entweder wir halten an unseren Träumen und unseren Eingebungen fest, die allesamt richtig sind, und rebellieren, brechen aus, finden unseren Weg, oder unser Potential geht eventuell verloren. Es ist kein Zufall, dass Weltverbesserer wie Jesus, Buddha, Beethoven und andere als Teenager von zu Hause weggelaufen bzw. in jungen Jahren aus ihrem Umfeld ausgebrochen sind. Nur ein bestimmtes Alter verhilft zu einem radikal neuen Weg.

Das spüren wir intuitiv in dieser Phase. Vieles im Außen fühlt sich unstimmig an, weil es nicht der inneren (göttlichen) Intelligenz entspricht. Doch leider kollidiert dieses Gespür mit den Hornochsen in der Außenwelt, deren innere Wahrnehmung längst abhanden kam. Die arbeitende Masse hat sich längst dem System angepasst und die eigenen Träume verworfen. Sie lebt im selbstgebauten Sicherheitsgefängnis, gibt die Verantwortung ab an andere und fühlt sich auch noch wohl dabei. Und da die Stumpfsinnigen unter uns (95%) nicht gerne sehen, wenn sich die Weitsichtigen in eine andere Richtung entwickeln, macht man sie schnell systemkonform, bevor sie auf dumme Gedanken kommen.

Hierbei sind die Deutschen im Vergleich zu anderen Völkern weniger bereit, außergewöhnliche Mitglieder ihrer Gesellschaft so zu lassen, wie sie sind. Der Deutsche wird übergreifend. Er verspürt den Drang, alle zu normen. Es wundert mich, dass es noch keine DIN für Kinder und Jugendliche gibt. Dieses Verhalten der breiten Masse (inkl. Kultusminister) kollidiert mit dem intakten Gespür der Jugend, die gezwungen wird, sich anzupassen. Da muss deren Seele ja leiden!

Viele wollen einfach nur ausbrechen, können aber nicht. (Können schon, aber sie werden daran gehindert.) Die Flucht in die Welt der Pornografie, der Drogen, der Alkoholexzesse oder der Computerspiele kann man der Jugend nicht verübeln. Was sie gerade in dieser schwierigen Phase am meisten bräuchten, wäre Liebe und Zuwendung. Doch genau das verwehrt ihnen das Umfeld, das Elternhaus, die Zukunft, wo es um ganz andere Werte geht als noch vor 50 Jahren. Darum ja auch mein Vergleich zu den 1970ern, als die Welt noch in Ordnung war. Die Entwicklung danach vergiftete unsere Seele.

Hat man sich als junger Mensch erst einmal dem Umfeld angepasst, kommt man so schnell nicht wieder raus. Man verstrickt sich immer weiter, will kein Außenseiter sein, will mithalten, dazugehören, Materielles besitzen, weiß nicht, wie man sich wehren soll, ist im Prinzip verloren.

Wenn die Anhebung unseres Bewusstseins der Schlüssel ist zu einem erfüllten, freudigen Leben gemäß individueller Natur, dann sollten wir alles meiden, was uns davon abhält und ablenkt.

3.5. Wo Schule noch Freude bereitet

In Indien, Sri Lanka, Thailand, Taiwan, Südamerika, ja selbst in Kanada und Lettland sowie teilweise in der Schweiz, lässt man Kindern mehr Freiraum, lässt sie ihre individuelle Natur ausleben. Der Deutsche normt und formt, wo es nur geht, obwohl es letztendlich keinen glücklich macht. Dieses Passendmachen zugunsten einer „Intelligenz", die in Wirklichkeit gar keine ist, löst in den Zellen Stress aus. Nach langjährigen Aufenthalten, zum Teil in exotischen Ländern, kann ich zweifelsfrei behaupten, dass Jugendliche, die ihrem gefühlten Denken (und damit ihrer Natur) treu bleiben, nicht passend gemacht und nicht durch Logik umprogrammiert werden, glücklicher und zufriedener sind als andere, die zur Kopflastigkeit erzogen werden.

Abb. 11: Der Autor hielt als Gastlehrer Unterricht an einer indischen Schule – Madurai, 2004

Wenn ich an die strahlenden Schüler in Sri Lanka, Indien, Thailand und teilweise Lettland denke, wie sie sich ihres Lebens freuten, im Vergleich zu den gestressten, leblosen Gesichtsausdrücken deutscher Schüler, die schon in jungen Jahren ihr schweres Päcklein durch die Welt tragen, brauche ich keine Studien mehr, um festzustellen, dass wir alle einen viel zu hohen Preis zahlen, damit es der Wirtschaft gut geht – auch wenn es uns an Materiellem nicht fehlt.

In meinen fünf Jahren auf Sri Lanka und vielen Besuchen in Indien habe ich mir die dortigen Schüler genau angeschaut, wie sie in weißen Schuluniformen gekleidet still und ruhig auf ihren Stühlen saßen, wie sie ihre Lehrer herzlich anlächelten, wie sie strahlend und heiter den Heimweg antraten oder artig im Bus saßen – aber sofort aufstanden, als ein betagter Fahrgast eintrat, um ihm den Platz frei zu machen. Kein Geschrei, kein Gezanke, kein gestresster oder genervter Blick, wie ich es von deutschen Schülern her kenne. Auch in Thailand waren die Schüler allesamt aufgeladen mit positiver Energie. Eine psychische Störung hätte ich ihnen angemerkt, doch nein, es machte mir Spaß, unter ihnen zu sein, und manchmal durfte ich sie auch unterrichten.

Abb. 12: Hier beim Unterrichten am *Arunai College* – Madurai, 2003

Am Ende eines Vortrages an einer indischen Schule standen zwei Schülerinnen auf, gingen an die Tafel und malten mit bunter Kreide: „*Thank you for coming, Manfred!*" Einfach so, ohne dass ihr Lehrer es aufgetragen hätte. Die meisten kamen aus ärmlichen Verhältnissen, hatten gerade mal das Notwendigste zum Leben, aber sie waren glücklich.

Der Direktor einer Schule auf Sri Lanka erklärte mir, dass allgemeines Handy-Mitbringverbot bestünde. Im Falle dringender Mitteilungen seitens der Eltern dürften diese jederzeit das Büro kontaktieren, wonach der Schüler informiert würde – und umgekehrt. Auch lernte ich, dass sowohl Eltern als auch Lehrer die Kinder so ließen wie sie sind, also mit ihren Sonderheiten, Fehlern und Auffälligkeiten. Schließlich habe jeder ein Recht auf Individualität, so ein Lehrer. Eine Lehrerin am College in Colombo, sagte einst zu mir:

„Problems are the love letters from God." – *„Probleme sind die Liebesbriefe von Gott."*

Diesen Spruch zitiere ich seit 20 Jahren. Ist es nicht so? Würden wir irgendetwas ändern im Leben ohne Probleme? Welcher deutsche Lehrer kann so viel Weisheit an den Tag legen? Das meine ich nicht als Kritik. Die Lehrer können ja nichts dafür, mit anderen Werten aufgewachsen zu sein. Wenn die Schüler denn wenigstens dabei glücklich wären. Doch das sind sie nicht. Im Gegenteil. Die natürliche Form des Denkens, die auch ein höheres Wahrnehmen beinhaltet, wird in Deutschland nicht gefördert, von wenigen Ausnahmen (z.B. Waldorf-Schulen) abgesehen, sondern gebremst. Göttliche Intelligenz hat keinen Wert im Bildungssystem, weil sie nicht nützlich ist für den Bau schneller Züge oder für die Entwicklung von Psychopharmaka. Aber sie würde zum Verständnis anderer Völker und globaler Situationen beitragen. Denn ohne Bewusstsein unserer Lage – politisch, sozial und wirtschaftlich (ich rede nicht von „Wissen“) – wird es keine guten Entscheidungen geben.

Das, was wir allgemein als „intelligent“ ansehen, ist aus Sicht höherer, göttlicher Intelligenz alles andere als intelligent – allein schon deswegen, weil sich kaum einer Gedanken über die Folgen für die Nachwelt macht, die Umwelt, die seelische Gesundheit des Volkes und das Ungleichgewicht sozialer Schichten.

Gesunder Menschenverstand ist kein Segen, sondern ein Fluch. Denn man muss mit all jenen klar kommen, die keinen haben.

3.6. Oliver und der Ethikunterricht

Nachfolgend eine Aussage von Deutschlands ältester Kinderärztin, die mit 85 Jahren noch aktiv war, und mit der ich zusammenarbeiten durfte.

> *„Die heutigen Kinder und Schüler wirken unruhiger und unkonzentrierter als vor 30 Jahren, was meines Erachtens nicht an TV und Handy alleine liegt, sondern an den Eltern, die gestresst, aufgedreht und desorientiert wirken. Es mangelt überall an Liebe und Freude im Leben. Auf meinen vielen Reisen in Indien habe ich viel Armut erlebt, doch die Familien hielten zusammen. Die Inder wirkten trotz Armut offener, freundlicher, glücklicher, herzlicher, zugänglicher und insgesamt zufriedener. Die Situation in Deutschland dagegen gleicht einem Psycho-Chaos. Jeder ist getrieben und treibt gleichzeitig andere an.*
> *Ich lernte einen Inder (ca. 35) kennen, aus einfachen Verhältnissen. Der bekam wenige Wochen zuvor eine Niere entfernt, doch er machte sich keine Sorgen um die Zukunft. Ich habe mich oft gefragt, woher diese Menschen ihre Kraft und Zuversicht nehmen, obwohl sie kaum Besitz und keine finanzielle Absicherung haben. Vielleicht liegt es daran, dass sie ihre spirituelle Seite ausleben. Jedenfalls werden sie nicht durch ein Denkprogramm geschleust und leben mehr ihre individuelle Natur aus. Die Erwartungshaltung und der Druck seitens der Gesellschaft ist geringer.“*
>
> Dr. Irmgard Holzer, Kinderärztin, Baden-Baden, 24.5.2013

Da sich in Deutschland verstärkt eine gestresste, lieblose, profitorientierte Gesellschaft herauskristallisiert, leiden besonders die sensibleren hierunter, deren Zahl ständig steigt. Über die Orientierungslosigkeit und zunehmende innere Unzufriedenheit kann ein noch so verlockender Konsumrausch nicht mehr hinwegtrösten, geschweige denn hinweghelfen. Die Frustration über die schier aussichtslose Lage spiegelt sich in dutzenden von Internet-Foren wider, aber auch in der hohen Zahl von Selbsthilfegruppen und Büchern zu diesem Thema. Diese Dünnhäutigen, deren Gespür und Wahrnehmung Segen und Fluch zugleich ist, können sich schlecht mit anderen darüber unterhalten, was das Gefühl des Alleinseins und der Ausweglosigkeit verstärkt.

Depressionen, Energielosigkeit und Orientierungsverlust folgen. Es kann ferner zum doppelten Identifikationsproblem kommen – einmal in Bezug auf die Persönlichkeit, die nur noch funktioniert, um den Schein zu wahren, dazu ein Identifikationsverlust, der je nach Veranlagung im Unterbewusstsein zum Ausdruck kommt beziehungsweise in Form von Ängsten und Albträumen. Wie gravierend der Leidensdruck in der Gesellschaft ist, zeigen zahlreiche Beiträge, Blogs sowie Hilferufe Betroffener in Internet-Foren. Diese Gruppe ist dank ihrer super Antenne prädestiniert, um Sackgassen und Probleme im Leben anderer zu entlarven. Man müsste sie nur richtig schulen, und es wären die geborenen Psychologen oder Lebensberater.

Als Schulkinder leiden sie besonders. Lieblosigkeit macht ihnen mehr zu schaffen als eine Krankheit. Hier ein Fall aus meiner Praxis: Oliver ist 9 Jahre jung, eher introvertiert und für sein Alter weniger reif. Seine Tante brachte ihn zu mir, da er in der Schule keine guten Noten mehr schrieb. Nachts schliefe er schlecht und sei morgens müde und unausgeruht, erklärte sie. Er tat mir vom ersten Augenkontakt an leid. Ich spürte, dass er unglücklich war. Warum denn die Tante mitkam, nicht sine Eltern, fragte ich. Sie seien beide berufstätig und würden den Kleinen um 17 Uhr von der Grundschule abholen, hieß es. Die Familie wohnt in einem Einfamilienhaus mit Garten in einer Villengegend, sind also keine armen Schlucker. Ob Oliver nicht lieber bei seiner Tante Hausaufgaben machen wolle? *„Oh nein, kommt nicht in die Tüte. Ich habe selbst genug um die Ohren…“*, kam es wie aus der Pistole geschossen von ihr.

In unserer Gesellschaft gibt es zahllose Olivers, Kinder, die einfach in der Schule abgestellt werden, weil die Mutter (oder beide Eltern) ihre Freiheit ausleben wollen, oder ihre Karriere wichtiger ist, als Kinder zu erziehen. Ich gab der Tante einige Anweisungen für eine bessere Ernährung sowie eine Anleitung für eine schlaffördernde Massage am Abend, wohl wissend, dass weder sie noch die Mutter diese durchführen wird, und nahm Oliver für eine Minute in den Arm. Mehr war da nicht zu machen. Die Olivers unserer Zeit sind Opfer einer Leistungsgesellschaft, die immer kaltherziger wird.

Was nur kultivieren unsere „Kultus“-Minister eigentlich? Die Herzen unserer Kinder sicher nicht. Nun gibt es zwar das Fach „Ethik“ in einigen Bundesländern, doch wird dieses oft als Ersatz für den Religionsunterricht belächelt. Liest man im Internet nach, was sich zum Beispiel das Bundesland Bayern davon verspricht, steht da Folgendes:

> *„Der Ethikunterricht orientiert sich in seiner Zielsetzung an den sittlichen Grundsätzen, wie sie in der Verfassung des Freistaates*

Bayern und im Grundgesetz der Bundesrepublik niedergelegt sind. Im Übrigen berücksichtigt er die Pluralität der Bekenntnisse und Weltanschauungen... Das Fach Ethik fördert den reflektierten Zugang zu den sittlich bedeutsamen Gegebenheiten der Welt, vermittelt eine vertiefte Sprachkompetenz im ethischen Argumentieren und unterstützt die Bereitschaft zur Übernahme von Verantwortung in Entscheidungs- und Handlungssituationen... Moralisches Lernen ist sowohl kognitives als auch die Motivation förderndes Lernen. Ethik strebt ein werteeinsichtiges Urteilen an und will personale Entwicklung fördern. Die Achtung vor der Würde des Menschen ist unverzichtbare Grundlage des Unterrichts..."

Diese offizielle Vorgabe erstreckt sich auf mehrere Seiten und ist so abstrakt verfasst, dass es mir beim Lesen schwindlig wurde. Wenn der Unterricht genauso theoretisch und kopflastig abläuft, wundert es nicht, warum Schüler mit schlechter Laune und Kopfschmerzen die Schule verlassen und keinen Bock auf den nächsten Tag haben, während die Kinder in Sri Lanka und Indien sich lachend und bester Laune auf den Nachhauseweg machen.

Warum muss man denn auch herzbetonte Themen, die auf die Bereiche Familie, Liebe, Charakter und Moral abzielen, dermaßen intellektualisieren? In meinem Bekanntenkreis unterrichtet jemand Ethik an einem Gymnasium. Sie ist 26 Jahre jung, ihr Leben konfliktbeladen, Reife und Lebenserfahrung eher dünn. Doch dieses Manko fällt nicht ins Gewicht, solange sie sich strikt an die Vorgaben und Richtlinien hält. Das heißt, jeder kann „Werte“ vermitteln, wenn er sie als Theorie beherrscht. Allein darauf kommt es in Deutschland an. Theorie wird quasi digitalisiert, damit sie in Form wiederholbarer Strukturen in Lehrbücher passt.

Es kann ja auch jeder Pfarrer oder Pastor werden, solange er ein paar Semester Theologie absolviert, ohne persönliche Erfahrung mit Gott. Das ist unter anderem ein Grund, warum kaum noch einer in die Kirche geht, wobei Ausnahmen die Regel bestätigen. Es gibt einige Prediger, die mit Herz und Seele ihre Erfahrungen und Erkenntnisse weitergeben. Doch rar sind sie.

Zum Nachdenken:

Unsere Regierung gibt monatlich viele Millionen aus, um die Köpfe von Kindern zu füllen. Was aber wird in die Kultivierung ihrer Herzen investiert?

3.7. Der viel zitierte Tellerrand

Als ich vor einigen Jahren Bus fuhr, spuckte der Geldwechsler kein Kleingeld aus. Der Fahrer genervt: *„Dat scheiß Ding geht mal widda net!"*, und schlug mehrmals kräftig dagegen, bis die Münzen herauskamen. Ich: *„Sie fahren einen modernen Mercedes-Bus mit Armaturen wie im Cockpit. Wieso funktioniert dieser Automat nicht?"* Der Fahrer: *„Normal funktioniert dat Ding, nur net an Hanglagen. Sobald ich an ner Steigung halte, muss ich dagegen kloppen wie verrückt."* Ich: *„Heißt das, die Ingenieure dieser Dinger sind nie Bus gefahren?"* Er: *„Genau so. Allet nur Theoretiker..."*

Mit solchen Episoden könnte ich ganze Bücher füllen. Das komplette Denken, auch in der Schulmedizin, ist auf einen einzigen Bereich ausgerichtet.

Ich war oft in Lettland, wo ich eine Beraterin des Gesundheitsministeriums gut kenne. Frau Dr. Ilona Abele berät ihr Ministerium im Bereich Ayurveda. Das fand ich erstaunlich. Da hat also ein relativ kleines Land genug Raum, Zeit, Geld und Interesse, sich der Alternativmedizin zu widmen und diese zu fördern. Im äquivalenten deutschen Ministerium gibt es zwar auch Mitarbeiter, die sich der Alternativmedizin zuwenden, doch nicht, um diese zu fördern, sondern um ein Auge auf die „Konkurrenz der Schulmedizin" zu halten, um gegebenenfalls sofort die Gesetze zu verschärfen oder einschränkende Maßnahmen ergreifen zu können.

Frau Dr. Abele hat mehrere Jahre in Sri Lanka verbracht, wo sie diese altindische Medizinlehre über einen Zeitraum von zwei

Jahren erlernte und die Heilerfolge mit eigenen Augen erlebte. Sie setzt sich seitdem dafür ein, dass diese Lehre in ihrem Land Verbreitung findet. In Deutschland reiste vor 20 Jahren eine Delegation des Gesundheitsministeriums nach Indien, um sich vor Ort ein Bild von Ayurveda zu machen. Ich weiß davon, weil ich einen indischen Ayurveda-Professor kenne, der die Gruppe unterwies. Unter anderem besuchte die Delegation die Gujarat Ayurved University, die auch ein Lehrkrankenhaus unterhält, wo unter anderem Hämorrhoiden operativ entfernt werden – mithilfe örtlicher Betäubung auf rein pflanzlicher Basis. Die Resultate gleichen einer Wunderheilung. Nach zehn Tagen ging es zurück nach Deutschland mit der Erkenntnis, es handele sich bei Ayurveda um medizinische Therapien, die allgemein nicht angewendet werden dürften. Falls doch, dann nur von Ärzten und, unter bestimmten Auflagen, von Heilpraktikern.

Ohne sich mit der Philosophie von Ayurveda zu befassen oder die vielen anderen Aspekte zu kennen, die sich auf Gesunderhaltung und Freude im Leben beziehen und streng gesehen keine Therapie sind im medizinischen Sinne, wurde diese uralte Lehre in einem offiziellen Bericht des deutschen Ministeriums als „Gefahr“ hingestellt, was die Pharmaindustrie hoch erfreute. Dies nur, um den Unterschied zur Handhabe anderer Länder zu verdeutlichen, denen das Wohl ihres Volkes mehr am Herzen liegt als Industrie oder Lobbyisten.

Der Kultusminister von Lettland, zuständig für alle Bildungseinrichtungen, erzählte mir in seinem Büro in Riga eine interessante Geschichte. Man hatte vor einiger Zeit (das liegt nun zwölf Jahre zurück) an vielen Schulen Automaten aufgestellt, damit die Schüler sich in den Pausen und nach der Schule Snacks und Getränke kaufen konnten. Gemäß einem amerikanischen Vorbild hatte man sie mit Chips, Coca Cola und süßen Snacks wie Schokoriegeln gefüllt. Doch die Eltern fanden das gar nicht cool. Landesweite Proteste führten so weit, dass sein Ministerium schon dabei war, die Automaten wieder abzubauen. Da kam einem Mitarbeiter auf eine glänzende Idee. Man sollte die Fächer füllen mit Mineralwasser, Äpfeln und Birnen in Bio-Qualität und mit frischen, geschälten Möhren. Die gesunde Idee wurde umgesetzt und erfreut sich bis heute allgemeiner Zustimmung.

Als ich so dasaß und zuhörte, musste ich mich schämen. In Deutschland wäre das unvorstellbar. Nicht allein, weil keiner der Kultusminister so weit denkt, sondern weil zur erfolgreichen Umsetzung ein bestimmtes Bewusstsein erforderlich ist, das weder bei den Kindern oder den Eltern, noch bei den Lehrern vorhanden ist. Dabei sind die deutschen Kollegen denen der Letten, akademisch gesehen, weit überlegen: Stefanie Hubig, Kultusministerin von Rheinland-Pfalz, ist Dr. jur., ihr Kollege aus Hessen, Alexander Lorz, sogar Prof. Dr. mit Jura-Studium an der berühmten Harvard University. Bayerns Kultusminister ist Professor in Jura und Politikwissenschaft usw., wobei Bayerns Staatssekretärin für Kultur, Jugend und Sport, Frau Anna Stolz, Soziologie, Psychologie und Kriminologie(!) studiert hat. Bayerns neuer Kultusminister Prof. Dr. Michael Piazolo studierte Rechtswissenschaft und Politikwissenschaft. Alles hochkarätige Superhirne. Aber schaffen sie es, über ihren Tellerrand hinaus zu blicken? Sind sie nicht alle ein Produkt ihrer eigenen Kopflastigkeit?

3.8. Theorien ohne Bezug zur Realität

Gestatten Sie nun einen kurzen Ausflug nach Japan, wo ich lange lebte. Einst nahm ein Geschäftsfreund mich zu einem Treffen mit von Unternehmern, die mit Zubehör und Produkten für Hunde zu tun hatten. Zirka 15 Firmenleiter diskutierten über diverse Ideen, welches Futter man importieren, welches man in Japan herstellen sollte, welche Leinen gut seien, ob man gemeinsam Werbung für Hundeshampoo machen solle und dergleichen, während mein Begleiter zusehends nervöser wurde. Da stand er plötzlich auf und warf eine Frage in den Raum. *„Sagt mir, wer von euch hat einen Hund zu Hause?"* Totenstille. Er wiederholte die Frage. *„So, kein Hundehalter unter euch? Aber ihr wollt wissen, was diese Tiere brauchen und was ihnen gut tut…"* (Mein Freund hatte zwei Hunde zu Hause.)

Eine solche emotionale Entladung ist höchst ungewöhnlich für Japaner, und ich hatte Mühe, ein Lachen zu unterdrücken. Wie die Sache ausging, ist hier weniger interessant, aber es zeigt, dass auch außerhalb von Deutschland Theoretiker gerne Sachen verbreiten, von denen sie selbst keine Ahnung haben. Wie schon gesagt, Japan hat die Form schulischer Erziehung aus Deutschland übernommen.

Solange es um Hunde geht oder Wechselgeldautomaten in Bussen, kann man noch darüber schmunzeln. Realitätsfremde Entscheide in der Politik jedoch können dem gesamten Volk großen Schaden zufügen. Bei einer Verteidigungsministerin zum Beispiel, die von Waffen und militärischen Strategien keine Ahnung hat, ist der Krieg verloren, bevor er anfängt. Ein Wirtschaftsminister, der außer Bücherwissen und Theorien keine praktischen Erfahrungen hat, würde in der freien Wirtschaft nicht überleben. Wie kann er dann praktisch umsetzbare Direktiven für andere erteilen?

Es mangelt überall an Erfahrung und praktisch umsetzbarem Wissen. Die uns überlebende Generation muss da den Hebel ansetzen, will sie es zukünftig besser machen. Wer Minister, Kanzler oder sonst ein wichtiger Entscheidungsträger werden will, müsste sich erst im Leben behaupten und reichlich Lebenserfahrung gesammelt haben, oder wahlweise eine Schulung durchlaufen, die menschliche Werte, kollektives Denken und Verantwortungsbewusstsein beinhaltet. Denn Intelligenz ohne Weisheit, ohne menschliche Reife ist ein stumpfes Schwert.

Wir dürfen uns von akademischen Graden und Titeln eben nicht beeindrucken lassen. Doch unser Schulsystem zielt darauf ab, alles und jeden nach Noten zu bewerten (darum „Stiftung Warentest"), weil das Notensystem die Zukunft vorgibt. Es ist zum Haarerausreißen. Gestern sah ich ein großes Plakat in meiner Stadt, eine Werbung von einem Nachhilfe-Center. In riesigen Buchstaben stand da ***„FÜR TRÄUME BRAUCHT MAN GUTE NOTEN"*** Ich hätte mich beinahe übergeben.

Zahlreiche Lehrer lamentieren in den Medien, das Lehramt für Grundschulen sei eine Zumutung. Man müsse zum Beispiel höhere Mathematik beherrschen, die selbst einen Mathe-Professor staunen lässt, obwohl es an Grundschulen weder verlangt, noch unterrichtet werden könne. Dieser Lerndruck (für die Lehrer!) fällt zusammen mit den kognitiven Störungen der

Schüler bzw. dem Stress im Klassenzimmer, was diesen Beruf unattraktiv macht, und darum werden laut Kultusministerkonferenz bis 2035 rund 25.000 Lehrkräfte fehlen.[(6)]

Konnte man das nicht vorhersehen? Gibt es denn niemand unter den vielen Tausend Akademikern in der Regierung, der diese Entwicklung vorzeitig hätte erkennen und verhindern können? Warum lernt man nicht mehr von anderen Ländern, statt den deutschen Oberschlauen zu spielen? Warum lernt man nicht von anderen Völkern, statt sich in ihre Politik einzumischen oder sie zu bevormunden?

Die extreme Intellektualisierung spiegelt sich unter anderem in den Entscheiden des DUDEN-Gremiums wider, oder präziser gesagt, dem „Rat für die deutsche Rechtschreibung" (Rechtschreibrat). Da diskutieren hoch studierte Köpfe so lange herum, bis die Grammatik mitsamt Schreibweise angezweifelt, reformiert und … ruiniert wird. Wörter, die seit hundert Jahren akzeptiert wurden und nie ein Problem verursachten, sind mit einem Schlag falsch. Zusätzlich wird durch endlose Debatten über die Genderisierung (welch grausames Wort!), also die weibliche Form bestimmter Wörter, entschieden. Soll es besser „Schüler", „Schüler/innen" oder „Schüler:innen" heißen? Darf man „Tollpatsch:in" sagen? „Clownin" und „Chaotin" bei Frauen? Das ganze gleicht einem Affenzirkus ohne Ende.

Und so werden alle vier Jahre die Schulbücher neu gedruckt bzw. der neuen Rechtschreibung angepasst, was bundesweit ein finanzieller Aufwand in Millionenhöhe bedeutet. Verlage und Zeitungen halten sich dann an die neuen Regeln, wobei zum Glück einige aus Protest an der alten Rechtschreibung festhalten. Das gibt es nirgendwo auf der ganzen Welt, nur in Deutschland. Die Deutschen gehen eines Tages an Kopflastigkeit zugrunde. Aber kann man das der Führung in Berlin vorwerfen? Sind sie nicht alle Opfer ein und desselben Schul- und Bildungswesens?

Dieses wird nicht zentral gelenkt, sondern obliegt den einzelnen Ländern bzw. deren Kultusministern. Hier liegt eine der Ursachen für den Werteverfall und für die extreme Intellektualisierung, die effektiv nichts bringt. Nur hier kann man den Hebel ansetzen, wenn man das Blatt wenden will, bevor es zu spät ist. Von den zahlreichen Demonstrationen und Petitionen in Deutschland hat sich noch keine gegen diese Institution gerichtet, eine Institution, von der unsere gesamte Zukunft abhängt.

3.9. Zerfrisst Denken das Gehirn?

Journalisten und Autoren der vergangenen Jahre haben viel Mut aufgebracht, um über Missstände und verheerende Entscheide unserer Regierung aufzuklären, doch hat sich etwas geändert? Verlage wie »KOPP«, »AMADEUS« und andere wurden aufgrund ihrer Entblößungen sogar von Behörden angegriffen, um sie mundtot zu machen. Das heißt, ihre Behauptungen sind wahr und man will nicht, dass die Massen davon erfahren.

Nun bin ich zwar Idealist, aber realistisch genug, um zu wissen, dass ich die zuvor beschriebene Intellektualisierung und das einseitige Denken nicht aufhalten kann. Bitte! Von mir aus können Busfahrer weiterhin gegen Wechselgeldautomaten hämmern und Patienten sich von ihren Ärzten austherapieren lassen. Doch in der Politik darf diese fatale Form theoretischer Besserwisserei nicht stattfinden, gerade in der Außenpolitik. Sie führt zum Untergang des ganzen Volkes!

Es macht mich traurig, dass dieses Land, das der Welt so viel gegeben hat und noch viel hätte geben können, an der Dummheit und Naivität der politischen Führung und ihrer Kultusminister zugrunde geht. Doch das Gebilde scheinbarer Intelligenz wird immer maroder. Von außen mag es noch halbwegs funktionieren, doch es zerstört sich von innen selbst. Wie soll denn eine Wirtschaft stark bleiben, wenn das, was sie erhält, nämlich die arbeitende Bevölkerung, energetisch auf dem Zahnfleisch geht?

Muss man sich fragen, wie ein Volk, dessen geistig-seelische Gesundheit dermaßen schlecht ist, noch produktiv und motivierst sein kann. Als hätte ich es geahnt, lese ich gerade, 2022 sei ein Rekordjahr gewesen betreffend Krankenstand. Im Schnitt 19 Fehltage per annum. Wegen Corona? Irrtum. Ich zitiere:

> *„Wegen psychischer Erkrankungen wurden 301 Fehltage je 100 Versicherte registriert. An jedem Tag des Jahres wurden im Schnitt 55 von 1000 Beschäftigten krankgeschrieben. Der höchste Wert seit Beginn der Analysen vor 25 Jahren…“*
>
> Ruhr Nachrichten, Januar 2023

Wenn alle Pflegekräfte ihre Arbeit niedergelegt haben, wenn ein Drittel aller Arbeitnehmer wegen schlechter psychischer Gesundheit erwerbsunfähig geworden sind, aber spätestens, wenn die ersten russischen Panzer angerollt kommen und Berlin unter Beschuss steht, wird allen klar, dass da etwas schief lief, und dass die „Intelligenz“ im Bundestag nichts genutzt hat. Für ein Umdenken wird es dann zu spät sein, und die Nachwelt, wenn sie überlebt, muss wieder von null anfangen. Nun, für die habe ich dieses Buch schließlich geschrieben. Und natürlich für die überlebenden Kinder, die mir am meisten leid tun, denn sie haben Besseres verdient. Ihr seelischer Notruf wird hoffentlich bald von einer höheren Intelligenz wahrgenommen.

> *„Ungeachtet zunehmender Warnungen von Forschern über die gesundheitliche Belastung hochfrequenter Strahlung durch Mobiltelefone oder WLAN, werden in Deutschland immer mehr Schulen ‚ans Netz‘ gebracht. Dies geschieht durch Einrichtung von WLAN-Netzen, die die einzelnen Klassenräume abdecken. Kinder sitzen in direkter Nähe zu Routern, die sie permanent der Strahlenbelastung exponiert. Ähnlich in Kitas und Krippen, wo für die Verwaltung ein WLAN-Netz über die gesamten Räumlichkeiten aufspannt wird. Hier hinkt Deutschland ande-*

ren Ländern hinterher. Zum Vergleich: Frankreich (Verbot von WLAN in Krippen), Zypern (Verbot von WLAN In Kindergärten, Ärztekammer fordert Verbot von WLAN an Schulen) oder Finnland (Eltern setzen abschaltbare WLAN-Router in Grundschulen durch). So verabschiedete das französische Parlament 2015 das Gesetz zur ‚Eingrenzung der Exposition der Bevölkerung gegenüber Mikrowellenstrahlung'. In Grundschulen darf WLAN nur aktiv sein, wenn es der Unterricht zwingend erfordert. Davor und danach muss es ausgeschaltet sein. Nicht so in Deutschland.

Ebenfalls warnt das Bundesamt für Strahlenschutz seit 2015 generell: Schulen sollten ihre Schüler nicht per Funk ans Internet anbinden und auf WLAN-Netze verzichten!

Dr. Klaus Scheler, Physiker an der Uni Heidelberg, beschäftigt sich seit sieben Jahren mit dem Thema WLAN-Klassen: ‚Für Kinder ist WLAN-Strahlung gefährlicher als für Erwachsene, da ihre Knochen noch dünner sind und sie noch in der Entwicklung stecken.' Für ihn ist das Einrichten sog. ‚WLAN-Klassen' deswegen verantwortungslos.

Verbraucherschützer wie Peter Hensinger von der Org ‚diagnose Funk' sammeln seit Jahren Studien zu Handy- und WLAN-Strahlung, die toxische Effekte zeigen. Es gebe bislang 130 Studien, die Schädigungen von Spermien und Embryo belegen, 80 wiesen auf auf DNA-Strangbrüche hin. ‚Die Studienlage gibt uns von Jahr zu Jahr mehr recht.' (Anm.: Unfruchtbarkeit bei Männern aufgrund schlechter Spermienqualität ist z.Zt. ein akutes Problem in Deutschland.) Selbst die Telekom warnt vor der Aufstellung der WLAN-Router in der Nähe von ‚Aufenthaltsräumen'.«[7]

Dies nur als Beispiel, wie in Deutschland die Industrie mehr priorisiert wird als die Gesundheit des Volkes. Wer auf der Strecke bleibt und in die Mangel der Schulmedizin gerät, ist verloren, denn die stellt sich nicht gegen die Industrie. Umweltmedizinern, die für ihre Patienten aktiv werden, so wie Dr. Peter Binz in Trier, entzieht man ihre Approbation oder beschuldigt sie der Steuerhinterziehung.

Hunderte von Aufklärungsbüchern zu diesen Skandalen gibt es, doch ich bitte die Leser, sich nicht damit zu befassen, da man sich schnell in der Negativität verliert und zum Schwarzmaler und Pessimist wird. Ich führe es nur auf, um zu verdeutlichen, dass Deutschland hoch industrialisiert ist und die Schulbildung entsprechend abläuft. Man darf nicht erwarten, dass irgendein Minister oder Kanzler sich für andere Werte einsetzt, oder die Bürger dazu animiert, bewusster zu werden. Das wäre ungünstig für Staat und Wirtschaft. Es bleibt Ihnen deshalb nur, aus Eigeninitiative an Ihrer Bewusstwerdung und Wahrnehmung zu arbeiten. Wenn Sie spüren oder fühlen, dass Ihnen die RF/EMF-Strahlung am Arbeitsplatz oder zu Hause nicht gut tut, dann handeln Sie. Ihr Gespür ist der einzig verlässliche Indikator, ob etwas stimmt oder nicht, wer oder was Ihnen gut tut, und was nicht. Lernen Sie daher, Ihre Wahrnehmung und Ihr Gespür zu trainieren!

3.10. Akademiker, wir folgen euch!

Alle, die nicht systemkonform eine akademische Laufbahn nach oben anstreben, also zu kopflastigen Klugscheißern werden, diskriminiert die Gesellschaft jetzt schon. So blickt man zum Beispiel herab auf Handwerker und Mechaniker. Doch wer im Winter eine defekte Heizung hat oder in der Küche einen Rohrbruch, dem wird das Lachen schnell vergehen, weil es kaum noch gute Handwerker gibt. Und wer im Alter alleine ist oder jahrelang keine menschliche Berührung genießen konnte, wird dankbar sein für eine liebevolle Massage von einer Thailänderin oder Vietnamesin. Die unterbezahlten deutschen Masseure und Physiotherapeuten gehen ausgelaugt auf dem Zahnfleisch und schauen ständig auf die Uhr, wann die entsetzlich langen 20 Minuten, die sie von der Krankenkasse bezahlt bekommen, endlich vorbei sind. Dabei dauerte ihre Ausbildung drei lange Jahre.

Für den Beruf einer Pflegefachkraft bedarf es 4.600 Ausbildungsstunden in Theorie und Praxis, und um Krankenschwester zu werden, muss man drei Jahre lang lernen, in Vollzeit. Das durchschnittliche Gehalt liegt dann bei 1.000 Euro. Derlei Berufe sind ebenfalls unattraktiv, weil das Personal gemäß einem amerikanischen Geschäftsmodell ausgenutzt und unterbezahlt wird, obwohl es gute und harte Arbeit leistet.

Wer heute ein Krankenhaus besucht, spürt förmlich, wie ausgelaugt und deprimiert das Personal ist. Freude bei der Arbeit ist selten, obwohl der Beruf doch ein idealistischer ist und viel Freude bereiten sollte. Jedenfalls von der Idee her. Doch alles, was mit Herz, Liebe, Zuwendung und Fürsorge zu tun hat, wird weder wertgeschätzt, noch ausreichend honoriert in unserer Akademiker-Republik.

Eine gute Bekannte von mir ist Abteilungsleiterin in einem Jobcenter. Die stets neuen Direktiven aus Berlin, die monatlich hereingeflattert kommen, sagt sie, seien so widersprüchlich und kontraproduktiv, dass 30% ihrer Arbeitszeit dabei draufginge, andere Mitarbeiter, denen *„die ganze Scheiße langsam zum Hals raushängt"*, zu motivieren. Mehrere Kolleginnen ließen sich aus Protest krankschreiben oder wechselten bereits den Arbeitgeber. Meine Bekannte hatte vor zwei Monaten gekündigt, nachdem sie mehrere Nervenzusammenbrüche erlitt und erhebliche Schlafprobleme bekam. Seit drei Wochen ist sie in psychotherapeutischer Behandlung. Willkommen in der deutschen Klapsmühle! Kreiert von Akademikern.

In meinem Bekanntenkreis gibt es einen Hotelier, der sich durch einen Zeitungsbericht zum Thema „nachhaltige Energie" angesprochen fühlte. Sein Landkreis wies Gastronomen und andere Unternehmen an, auf erneuerbare Energie umzusteigen, was vom Land unterstützt würde. „Nachhaltigkeit" ist ohnehin für viele Politiker ein beliebtes Schlagwort. So weit so gut. Als er jedoch anfing, die Genehmigung für sein Hotel zu bekommen, musste er ein Jahr lang mit Ämtern und regionalen Energieversorgern kämpfen, sich durch einen Dschungel an Vorgaben, Gesetzen und Genehmigungen arbeiten – und gab dann verärgert auf.

Ein Apotheker in Baden-Baden hat kürzlich seine Apotheke aufgegeben, weil er den Stress nach der eigentlichen Arbeit nicht mehr verkraftet habe. Er mochte es, seiner Kundschaft mit Rat zur Seite zu stehen, doch der ganze Abrechnungswahn mit Finanzamt, Krankenkassen und Behörden sei unglaublich nervig und zeitraubend, obwohl er ein Software-Programm dafür habe. Dazu permanent neue Gesetzesänderungen sowie Berichte an Apothekerverbände. Das gleiche Leid klagte mir ein Hausarzt, der in Akkordzeit seine Patienten abfertigt (im Durchschnitt 5 Minuten), aber am Abend bis zu zwei Stunden bräuchte, um die ganze Bürokratie zu bewältigen.

Benjamin C., Schulleiter an einem Gymnasium in Rheinland-Pfalz und guter Bekannter, gab mir folgenden Kommentar:

„Immer häufiger erscheinen Lehrer zu spät zum Unterricht, sind schlecht drauf, unmotiviert und erschöpft. Sicher, die Anforderungen an das Studium zum Lehramt sind gestiegen, und auch die Schüler von Heute zehren mehr an der Energie als zu meiner Generation, doch der Hauptgrund liegt meines Erachtens an dem administrativen Aufwand, der ihnen zugemutet wird, also zusätzlich zu den vielen Elterngesprächen. Da sind zum Beispiel stapelweise Dokumentationen zu erledigen (Nachteilsausgleich, Berichte usw.), die uns von oben auferlegt werden, ohne dass die ‚Arbeitgeber' ahnen, wie viel Zeit dafür verloren geht. Das ganze Drumherum neben der eigentlichen Arbeit raubt Kraft und Freude, und strapaziert die Nerven.“

An der Online-Steuererklärung stoßen selbst IT-Experten an ihre Grenzen: zwei Dutzend Anlagen, 23 Gesetzesänderungen in zwei Jahren, 1.300 ungeklärte Verfahren. Laut *Handelsblatt* hat man ohne Berater keine Chance. Deren Recherche ergab, man sei verloren, wer sich alleine vorwagt. Einer Studie des World Economic Forums zufolge belegt Deutschland in Sachen Effizienz bei 104 untersuchten Ländern Platz 104.[(8)]

Das alles, verehrte Leser, kommt davon, wenn realitätsfremde Akademiker vorgeben, was nicht praktisch umsetzbar ist. Ist das noch intelligent? Kann das noch glücklich machen? Man könnte meinen, je mehr Menschen studieren, desto schlechter geht es den Massen.

3.11. Ich will einfach nur weg!

Kinder sind mit einer inneren Wahrnehmung gesegnet, da sie intellektuell noch nicht verschmutzt sind, das heißt, solange sie nicht durch ein Denkprogramm geschleust und konditioniert wurden. Je mehr sie sich dem Programm anpassen, um gute Noten zu bekommen, desto nervöser werden sie, desto unzufriedener wirken sie. Viele wollen einfach nur weglaufen. Doch wohin? Ist der Weg in eine Krankheit nicht auch eine Art Flucht? Erst leidet die Seele, dann der Körper. „Psychosomatik" bedeutet nichts anderes als „Seele und Körper" auf Griechisch.

Wie schlimm es da ausschaut in Deutschland, erwähnte ich bereits. Nachfolgend eine wahre Geschichte:

Es lebte einst ein Musiker in Bonn – kein sehr erfolgreicher, dafür aber wollte er aus seinem Sohn einen Star machen, so wie Mozart, und brachte ihm mit eiserner Härte das Klavierspielen bei. Viele Stunden am Tag musste der Knabe ab seinem fünften Lebensjahr üben. Er wurde sogar nachts geweckt, um dem Vater vorzuspielen. Zum Glück mochte der Knabe Musik, sodass er anfing, zu improvisieren. Doch das gefiel dem Papa überhaupt nicht. Dieser bestrafte seinen Sohn jedes Mal, wenn er mitbekam, dass er von der vorgegebenen Spielweise abwich. Der Junior durfte also seine Natur nicht ausleben und litt unsäglich unter der brutalen „musikalischen Früherziehung". Er wollte davonlaufen, vom Dachfenster springen, was er aber dann doch nicht tat.

Das Schicksal meinte es gut und das Blatt wendete sich. Er bekam eine Art Stipendium in Wien, lieh sich Geld und wanderte als Teenager nach Österreich aus, wo er sich traute, seinen individuellen Stil vorzutragen. Die Zuhörer waren sofort begeistert und unterstützten ihn. Ein Konzert folgte aufs nächste. Er wurde zum Weltstar. Von seiner Bonner Heimat hatte er so die Nase voll, dass er nie wieder dorthin zurückkehrte. Die Rede ist von Ludwig van Beethoven, dem ich eigens ein Buch widmete (»Beethovens Neunte und der Schrei nach Liebe«).

Sie sehen, dass die sture Form von Wissensvermittlung schon damals Jugendlichen gegen den Strich ging. Wäre Beethoven in Deutschland geblieben, hätten wir nie von ihm gehört. Denn dort hätte er sich nicht gemäß seiner Veranlagung entfalten und entwickeln können. Übrigens: Friedrich Schiller, der gegen seinen Willen vom Vater in eine berühmte Militär-Akademie gesteckt wurde, erkrankte ernsthaft vor lauter Abneigung gegen das strenge Lernen. Er flüchtete in die Welt der Freimaurer und schrieb kritische Theaterstücke, die das (Denk)System seiner Zeit mitsamt Obrigkeitshörigkeit der Deutschen ins Lächerliche zogen. Sein Gedicht »Ode an die Freiheit« wurde später von Beethoven als »Ode an die Freude« in die 9. Sinfonie eingebaut – die bislang am meist aufgeführte sinfonische Komposition weltweit.

Die hier erwähnte Form von Strenge und Gehorsam ist typisch deutsch. Ich fand sie in keinem anderen der vielen Ländern, in denen ich lebte, mit einer Ausnahme: Japan. Dieses Inselvolk hatte vor rund 150 Jahren die schulische Erziehung komplett aus Deutschland, genauer gesagt aus Preußen übernommen, wohin es Lehrer, Militärs und Minister entsandte. Die lernten zuerst Deutsch, dann Disziplin, dann die Lern- und Arbeitsweise, wobei sie das Post- und Bankwesen sowie das deutsche Rechtssystem gleich mit übernahmen.

Es sei hier angemerkt, dass Japan eine der welthöchsten Schüler-Suizidraten hat. Bis zum 49. Lebensjahr ist Selbstmord die Todesursache Nr. 1, noch vor Krebs, laut Japans Gesundheitsministerium. Die psychische Gesundheit junger Menschen dort ist geradezu erbärmlich. Da hätten sie wohl besser ein anderes Schulsystem kopiert, beweist es doch, dass das strenge, gehorsame, disziplinierte Lernen, für das Preußen bekannt war, zwar nützlich sein kann für Militär und Volkskontrolle, aber dem Zellprogramm des Menschen widerspricht.

Doch es sind keineswegs nur Hochbegabte oder sogenannte Indigo-Kinder, denen die deutschen Denkfabriken gegen den Strich gehen. Die vielen Sensitiven, deren Zahl in den letzten Jahrzehnten explosionsartig anstieg, kommen ebenfalls mit der erzwungenen Kopflastigkeit nicht klar. Sie kränkeln, werden nervös, schlaflos und hyperaktiv, bekommen ADHS und werden mit Ritalin still gemacht, damit sie weiter funktionieren können. Selbsthilfegruppen und entsprechende Vereine sprießen wie Pilze aus dem Boden. Natürlich gibt es noch andere Faktoren, die zu ADHS und innerer Unruhe bei Kindern führen, aber Schul- und Lernstress ist ein wichtiger.

Ein kritischer Leser mag nun einwenden, dass man nicht alles auf das Schulsystem schieben dürfe, zumal es sich weiterentwickelt hat. Während unsere Großeltern bei Unartigkeit und schlechten Noten von Lehrern und Eltern noch Prügel bekamen, und „Individualismus“ damals ein Fremdwort war, seien die Lehrer heute pädagogisch geschult und würden sehr wohl auf die Nöte und Sonderheiten von Schülern eingehen. Kognitive Störungen und psychosomatische Erkrankungen hingen mit dem negativen Einfluss sozialer Netzwerke oder den Schwierigkeiten im Elternhaus zusammen. Diese Meinung höre ich von vielen Lehrern. Auch hierzu gab mir Benjamin C., Schulleiter an einem Gymnasium in Rheinland-Pfalz, freundlicherweise einen Kommentar:

„Die Lern- und Konzentrationsfähigkeit der Schüler nimmt ab, was den Lehrberuf nicht gerade attraktiver macht. Das liegt zum Teil am permanenten Einfluss sozialer Medien (TikTok und dergleichen), die auch Ideale vorgeben, denen die Schüler nacheifern, z.B. in Bezug auf Aussehen, Mode, Schönheit, Ausstrahlung und Attraktivität gegenüber dem anderen Geschlecht usw. Insgesamt wird es für Heranwachsende schwieriger, ihre eigene Mitte und vor allem sich selbst zu finden im Leben. Allgemein kann man schon sagen, dass die Anforderungen stark zugenommen haben, bei Lehrern und bei Schülern, und dass dies wohl einer der Gründe ist für die starke Zunahme psychosomatischer Erkrankungen. Denn, wie ich hörte, sind Kinder- und Jugendpsychologen über mehrere Monate ausgebucht und überlastet.“

Frage: Wenn die Ursache dermaßen offensichtlich ist, warum unternehmen schulische Einrichtungen nichts dagegen? Immerhin verbringen Schüler bis zu acht Stunden am Tag mit Lernen und sind länger mit ihren Lehrern zusammen als mit ihren Eltern. Hier schweigen die Lehrer.

Mobbing und aggressives Verhalten – derzeit ein aktuelles, brisantes Thema an deutschen Schulen – bemerken die Lehrer erst gar nicht oder schauen weg. Wo bleibt denn da das pädagogische Eingreifen? Ist es nicht eher so, dass das genervte Lehrpersonal überfordert ist mit eigenen persönlichen Problemen und Anforderungen?

Wie will man mit dieser Last am Hals Kinder auf ihr zukünftiges Leben vorbereiten und nebst logarithmischen Gesetzen noch Werte vermitteln? Machen wir uns nichts vor: Es geht um Noten und Leistungen, und zwar mit gnadenlos zunehmendem Druck.

Kopflastiges, rein rationales Denken ist uns jedenfalls nicht angeboren, ganz einfach, weil es nicht der menschlichen Natur entspricht, es sei denn, man kommt als ausgesprochener Logiker auf die Welt, was genetisch und astrologisch bedingt ist. Es sind die geborenen Wissenschaftler, und sie glauben nur das, was sich logisch erklären und beweisen lässt. Es gibt sie in allen Epochen der Geschichte, auch im antiken Griechenland, das weltweit führend in Mathematik war. Allerdings bezweifle ich, ob der Satz des Pythagoras oder die Formel „Pi" auf reinem Nachdenken beruhte, oder wohl doch eher durch (göttliche) Inspiration entstand. Denn die alten Griechen waren ein äußerst spirituelles Volk.

Das Thema Denkfabrik bzw. deutsche Schulen lassen wir nun beiseite. Es sollte vor Augen führen, wie wir von klein auf gegen unsere Natur konditioniert werden, und dass sich Jugendliche aufgrund fehlender Flucht- und Änderungsmöglichkeiten hilfloser vorkommen als Erwachsene.

Wie eingehend erläutert, ist die Anhebung unseres Bewusstseins der erste wichtige Schritt in Richtung Freiheit, was allerdings in der Leistungsgesellschaft blockiert wird. Wie man trotz dieser Hindernisse sein Bewusstsein anheben und sein Leben ändern kann, erkläre ich etwas später. Zunächst möchte ich Sie auf einen Faktor hinweisen, der unsere Entwicklung und Entfaltung im Leben noch mehr hindert – mehr als die zuvor genannten Einflüsse zusammen! Es geht um das Ausleben unserer individuellen Natur, was im fernen Osten so selbstverständlich ist wie das Zähneputzen am Abend.

Eine unglaubliche Geschichte

Eine im Alter von 32 Jahren unheilbar erkrankte Frau erzählte aus ihrer Kindheit und wie Sie zeitlebens von hübschen Sachen träumte, da sie in absoluter Armut aufwuchs. Ihre Mutter habe sämtliche Einnahmen der Kirche gegeben, sodass nie Geld übrig war für Spielzeug oder schöne Kleider. Die Mutter habe immer den Pfarrer zitiert, der damit drohte, man würde in die Hölle kommen, wenn man seinen Besitz nicht dem lieben Gott schenkte. In der heutigen Zeit ist das kaum vorstellbar, war aber im Mittelalter gängiger Brauch, um sich einen guten Platz im Himmel zu erkaufen. Sünden jeglicher Art wurden von Geistlichen erlassen, wenn man die dafür notwendigen „Gebühren" zahlte. Der unermessliche Reichtum des Vatikans wurde so über viele Jahrhunderte generiert. Was glauben Sie wohl, wie es einem vor 150 Jahren ergangen wäre, hätte er anderen gezeigt, wie man den Weg zu Gott auch ohne Kirche findet?

Was ich über Staat und Industrie sage, gilt für alle Macht-Institutionen und deren Vertreter: Haben sie erst mal von der Macht gekostet, wollen sie sie um keinen Preis abgeben und achten darauf, dass die Massen a) nicht (gegen ihr Interesse) aufgeklärt werden, b) kein höheres Bewusstsein erlangen. Das geht, indem man sie beschäftig bzw. ablenkt oder Angst sät.

Die Menschen verlieren dann ihre Mitte und sind von der inneren (göttlichen) Stimme abgeschnitten. Das Anheben des Bewusstseins ist der schnellste Weg, Unehrlichkeiten, Betrug und Manipulation zu demaskieren. Hierzu müssen wir lernen, unserem Gespür zu vertrauen. Jeder andere Weg, auch der über Denken und Logik, kann zur Falle werden.

Teil 4

Schmeiß den Spinat an die Wand!

4.1. Unsere individuelle Natur

Jeder Mensch ist einzigartig und hat individuelle Fähigkeiten und Aufgaben im Leben. Die hierfür erforderlichen Talente und Besonderheiten bekommt er in die Wiege gelegt und zwar in Form von Genen und seiner DNA. Das ist nichts Neues. Doch gemäß fernöstlicher Lehren haben wir zusätzlich eine seelische „DNA". Die komplette Theorie ist etwas komplexer und hängt mit den fünf Elementen zusammen, aber vereinfacht gesagt sind wir von Geburt an mit Talenten und Besonderheiten ausgestattet, die andere nicht haben (nicht in derselben Form), und die speziell auf unseren Werdegang und Beruf abgestimmt sind. Diese Individualität von Körper, Geist und Seele muss unbedingt beibehalten werden, da sie unsere Persönlichkeit, unseren idealen Beruf und unsere Aufgaben beinhaltet. Die gesamte indische Gesundheitslehre Ayurveda baut hierauf auf. Dort wird die individuelle Ur-Natur auf Sanskrit „Prakruti" genannt. Von jetzt an wird es spannend. Halten Sie sich fest!

Wenn der göttliche Plan es vorgesehen hat, dass Sie in diesem Leben ein Finanz- oder Wirtschaftsberater werden, befindet sich bereits eine Veranlagung in Ihren Zellen, dank der Sie keine Probleme mit Mathematik haben werden. Auch hätten Sie – ganz automatisch – ein sympathisches Erscheinen, das Ihnen als Berater zugute käme. Laut vedischer Lehren hätten Sie sogar einen für Ihre Lebensaufgabe idealen Körperbau und Stoffwechsel. Ist das nicht genial? Gehört es zu Ihrer Bestimmung, in diesem Leben ein erfolgreicher Sportler zu werden, würden Sie die Veranlagung zu guter Muskelbildung in die Wiege gelegt bekommen. Ihr Geist wäre kämpferischer und zielstrebiger Natur. Wow! Nun wissen Sie auch, warum manche Menschen schlank auf die Welt kommen und zeitlebens schlank bleiben. Es sind die geborenen Künstler und Denker. Masse, Schwere und Trägheit auf körperlicher Ebene würden auf geistiger Ebene das Denken verlangsamen, also das kreative, geistige Arbeiten behindern. Wer sich dafür interessiert, dem empfehle ich das Buch »Das Vata Syndrom«.

Der zweite Teil der Theorie besagt, dass jeder Mensch, der seinem Bauplan und vorgegebenem Lebensweg treu bleibt, glücklich, zufrieden und erfolgreich sein wird. Endlich mal eine gute Nachricht! Wir müssen also nur tun, wozu wir auf die Welt kamen, müssen nur unserer Natur gemäß leben. Und was hindert uns daran?

Nun, es sind die Ablenkungen und Beeinflussungen von außen, wie schon anfangs erklärt. Es ist daher wichtig, in uns hinein zu fühlen, ob wir glücklich sind mit dem, was wir gerade tun und wie wir leben. Im Deutschen gibt es den Begriff „Bestimmung", der von „Stimme" kommt. Wenn wir die (innere) Stimme ignorieren, erleiden wir Schiffbruch. Im Deutschen sagt man *„Es ist nicht mehr stimmig."*, bevor es den Bach runtergeht. **Die Philosophie dahinter ist somit die gleiche wie in Asien!** So kommt auch das Wort „Beruf" von „Berufung". Es enthält den „Ruf"! Gemeint ist ein innerer (oder göttlicher) Ruf, dem wir folgen sollten, damit wir dank unseren angeborenen, individuellen Fähigkeiten eine Arbeit finden, die

a) Freude bereitet
b) hilfreich und von Nutzen für die Gesellschaft ist.

Dann ist Arbeit keine „Arbeit" im negativen Sinne, sondern Erfüllung und Selbst-Liebe in höchster Form. Das bringt man uns in Deutschland leider nicht bei, weshalb viele Menschen irgendwelchen Tätigkeiten nachgehen – ganz im amerikanischen Stil mit mehreren Jobs –, also nur arbeiten, ohne sich mit der Tätigkeit zu identifizieren, um ihre Miete, Urlaub oder Vergnügen bezahlen zu können. Dass eine solche Kursabweichung früher oder später zum Chaos führt, ist aus Sicht kosmischer (oder göttlicher) Intelligenz nur normal.

Doch kein Grund zur Panik, denn irgendwann rebelliert unsere Seele und verpasst uns einen himmlischen Tritt in Form von Problemen oder Erkrankungen. Namhafte deutsche Forscher und Ärzte fanden heraus, dass eine leidende Seele auch körperliche bzw. somatische Störungen auslösen kann, ganz nach dem Motto: *„Wer nicht hören will, muss fühlen."* Zum Thema „Krankheit als Botschaft der Seele" und dergleichen gibt es zahlreiche Bücher, verfasst von Dr. Rüdiger Dahlke, Prof. Geerd Hamer und anderen. Doch dass die Seele leidet, wenn wir uns von unserem individuellen Bauplan entfernt haben, fanden bislang nur die Weisen des Orients heraus.

Die Inder wissen seit Beginn der Zivilisation, dass unser Seelenplan einen großen Einfluss nimmt auf unser Leben und unsere Gesundheit. Ihre vielen Religionen und Traditionen zielen auf eine Harmonie zwischen Körper, Geist und Seele. Im Prinzip gibt die komplette Kultur Asiens Hinweise darauf, dass man

Menschen so lassen sollte, wie Gott sie geschaffen hat, was nebenbei auch zum inneren Frieden beiträgt, und was vielleicht erklärt, warum dort die Schüler nach der Schule über's ganze Gesicht strahlen, während die deutschen Ritalin schlucken und suizidale Absichten hegen.

Die Theorie geht noch einen Schritt weiter und sagt, was beim Nicht-Ausleben unserer Natur passiert: Unzufriedenheit, Stress und häufiger Ärger sind Zeichen, dass wir uns von unserer Natur entfernt haben und einer Arbeit oder Ausbildung nachgehen (oder Ehe), die weder zu uns passt, noch Teil unseres Weges ist. Alles, was wir tun müssen, ist, unserer (inneren) Stimme zu folgen. Sie erinnern sich: Be**ruf**, Berufung, stimmig anfühlen, innere Stimmung usw. Doch dazu müssen wir sie wahrnehmen! Und genau da liegt das Kernproblem der heutigen Zeit. Leistungsdruck und Stress zum einen, Anpassung an die Gesellschaft zum anderen, erschweren dies erheblich.

Stress gilt weltweit als Auslöser und Mitverursacher von 1001 Krankheit. Warum? Nicht wegen der kaputten Nerven oder des defekten Immunsystems. Das zwar auch, doch der Hauptgrund ist der, dass wir inmitten von Stress unsere innere Stimme nicht wahrnehmen. Und das, verehrte Leser, bedeutet Superstress für unsere Seele, die uns dauernd etwas mitteilen will, aber überhört wird.

Ein ähnliches Dilemma gibt es im zwischenmenschlichen Bereich. Viele Ehen und Partnerschaften scheitern, weil die Frau permanent Signale und Zeichen sendet, die aber vom Mann nicht vernommen werden. Irgendwann kracht es, und die Frau packt ihre Koffer. Vielleicht haben Frauen ein besseres Gespür.

Jedenfalls hat das Ignorieren von „höheren Mitteilungen“, also denen unserer Seele, weit schlimmere Konsequenzen. Es führt zu Leid, Unglück, Misserfolgen, Krankheiten, Unfällen und frühem Tod. Hunderte von Menschen haben mir dies bestätigt, und ich garantiere Ihnen, dass ich hier keinesfalls übertreibe.

Wenn die Anhebung unseres Bewusstseins der Schlüssel ist zu einem erfüllten, freudigen Leben, dann sollten wir alles meiden, was uns davon abhält.

Genau das aber tun die Menschen in Industrieländern. Gefangen im Hamsterrad, abgelenkt von Konsum und Beeinflussungen, verlieren Sie den Draht zu ihrem höheren Selbst und laufen in eine Richtung, die weder dem göttlichen Plan entspricht, noch zu Glück, Gesundheit und Frieden führt. Der Dauerzustand löst seelischen Stress und Depressionen aus und führt in einigen Fällen sogar zum Selbstmord.

4.2. Wenn die Seele SOS sendet

Eine Frage, die mich viele Jahre beschäftigte: Wenn unsere innere Natur mitsamt Seelenplan perfekt ist und zu einem glücklichen Dasein führt, wieso entfernen wir uns dann überhaupt erst davon? Und was passiert, wenn wir die innere Stimme ignorieren? Die Antwort lieferten mir Patienten, die an einen Punkt im Leben kamen, an dem nichts mehr ging und eine Krankheit oder ein Unfall das Beste war, was ihnen passieren konnte.

Durch ihre Krankheit fiel ihnen auf: Sie hatten sich jahrelang beeinflussen lassen von Gesellschaft, Familie, Partner usw., und haben Wege beschritten, die nicht zu ihnen passten. All das erkannten sie nach oder während ihrer Krankheit, die ihnen die nötige Ruhe verschaffte, damit sie endlich über ihre Lage und ihr Leben reflektieren konnten. Bitte glauben Sie mir wenn ich Ihnen sage, dass nahezu all diese Patienten froh waren über Krankheit, Krise oder Unfall. Denn ohne hätte sie nicht den Weg zu sich zurückgefunden, nicht gemerkt, dass sie ein Leben führten, das im Grunde nicht ihres war. Nach der Änderung im Leben folgten sie mehr denn je ihrem Gespür und mieden Kontakte, die ihnen nicht gut taten. Darunter waren viele Kurgäste bei mir, denen nach überstandener Chemotherapie bewusst wurde, warum sie Krebs bekamen. Sie merkten, dass ihr Partner nicht zu ihnen passte, unterdrückten aber die Warnsignale. Einmal, weil sie hofften, es regelt sich von selbst wieder (oder die Signale verstummen), dann, weil sie keinen Ausweg sahen oder Angst vor einem Neubeginn hatten, also die inneren Gefühle ignorierten. Im weiteren Verlauf wurden sie wütend gegen ihre Partner, gegen die Umwelt, die Familie, das Leben, und am meisten gegen sich selbst, da sie den Mut zur Änderung nicht aufbrachten. Fast alle, die ihr Leben radikal änderten (Trennung, Umzug, Neuanfang etc.) und fortan ihrem Gespür treu blieben, bildeten keine Metastasen mehr, während die anderen nach temporärer Genesung erneut erkrankten und verstarben.

Es gibt ein Buch von Anita Muriani »Heilung im Licht«, im Original »Dying to be me«, was wortwörtlich soviel bedeutet wie: *„Ich sterbe danach, ich zu sein.“* Diese junge Inderin war so mit Metastasen übersät, dass alle Ärzte sie aufgaben. Man gab ihr noch wenige Tage. Ihre Familie kam zusammen (viele lebten in anderen Ländern), um Abschied von ihr zu nehmen. Doch dann trat etwas ein. Anita trat aus ihrem Körper aus und erkannte, dass sie ein Leben führte, das nicht ihres war. Sie erfüllte ständig die Erwartungen anderer und kam dadurch von ihrem eigenen Lebensplan ab. Als sie dies als Entstehungsursache für ihren Krebs erkannte, kehrte sie in ihren Körper zurück und war innerhalb von drei Wochen geheilt. In ihrem Buch kommen mehrere Onkologen zu Wort, die Anitas Wunderheilung attestieren. Sie alle können sich bis heute nicht erklären, wie eine solch spontane Genesung möglich sein konnte. Heute hilft Anita anderen Menschen, ihren Weg zu finden. Sie ist gesund und glücklich.

Als ich in jungen Jahren eine Ausbildung in einem Unternehmen machte, standen an einem Novembermorgen im Büro vier Angestellte vor einem frisch gedruckten, neuen Kalender und starrten gebannt auf das Dezember-Blatt des nächsten Jahres. Man wollte wissen, ob übernächstes Weihnachten auf einen Wochentag fällt, und wenn ja, auf welchen, und ob man sich einen Brückentag zunutze machen könne oder die Feiertage ungünstig ausfielen. In diesem Betrieb mit 120 Mitarbeitern kam es mir so vor, als würden alle nur von einem Urlaub auf den nächsten zuarbeiten. Keiner hatte sich mit seiner Arbeit identifiziert. Sie alle vegetierten von einem Tag zum nächsten, ohne innere Überzeugung für ihre Tätigkeit. Der Spielfilm am Abend, die Sehnsucht auf den nächsten Urlaub, der Sex am Wochenende … all das entsprach der schwebenden Wurst, mit der man den Dackel zum Laufen bringt. Beim Anblick dieser Szene hatte ich mir geschworen, nicht so zu enden.

Zwei Jahre später wanderte ich nach Japan aus, mit 500 DM in der Tasche (rd. 250 Euro), ohne Rückflugticket, ohne Kontakte vor Ort, ohne Sprachkenntnisse. Doch alles war mir lieber, als mein Leben einer systematisierten, standardisierten Bürotätigkeit zu schenken, die konträr zu meinem Innenleben stand, ja die das Rebellische in mir geradezu herausgefordert hatte. Ich litt seelisch, wie man es sich nicht vorstellen kann, sodass selbst der Tod noch eine bessere Wahl gewesen wäre. Heute weiß ich, dass ich krank geworden wäre, hätte ich den inneren Impuls unterdrückt.

In dieser schier ausweglosen Lage in jungen Jahren, in der meine Innenwelt mit dem Außen zu kollidieren, zu zerbrechen drohte, lernte ich zu meditieren. Und das war meine Rettung. Dadurch baute sich ein Kontakt zu mir selbst auf. Langsam aber sicher entwickelte ich ein Gespür, eine Art Intuition, die mir die Richtung zeigte. Und diese Richtung war Japan. Was für mich Japan war, kann für Sie etwas anderes sein. Hauptsache, Sie finden es!!!

Wer die innere Führung erst mal vernommen und erfahren hat, kann ihr zu hundert Prozent vertrauen. Ich garantiere Ihnen, dass Gott selbst zu Ihnen sprechen wird (über die innere Stimme), wenn Sie sich ihr anvertrauen. Tun Sie, was Ihr Gespür Ihnen vorgibt, selbst wenn es in den Augen der ganzen Welt idiotisch oder irre erscheinen mag. Schmeißen Sie den Spinat an die Wand, wenn es sein muss, aber essen Sie nichts Auferzwungenes! Fügen Sie sich nicht den Vorgaben oder Ratschlägen anderer, wenn Ihr 7. Sinn Alarm schlägt! Ich könnte mehrere Bücher füllen mit Geschichten von Patienten, die im Nachhinein erkannten, dass sie nur deswegen erkrankten (oder todunglücklich wurden), weil sie nicht auf ihre innere Stimme gehört hatten.

Ich sage es hier noch einmal: Kirche, Staat und Wirtschaft ködern uns mit Logik-Fallen, mit Verlockungen und Versprechungen, die nicht immer zu unserem Besten sind und nicht unbedingt Teil unseres Weges. Damit wir das nicht merken, werden wir verblendet und abgelenkt, und zwar tagtäglich. Wir werden so zugeschüttet mit Leistungsanforderungen, finanziellen Sorgen, Informationsfluten und Ängsten, dass es schwierig wird, die innere Stimme wahrzunehmen. Wer sich zusätzlich in der Welt der Handys und des Internets verliert, kommt da nicht mehr raus. Von dem Augenblick an, an dem Sie sich dessen bewusst werden, hört der Spuk auf. Darum ist Bewusstwerdung bzw. Bewusstseinsanhebung wichtiger als Wissen. Ich gehe an anderer Stelle noch eingehend hierauf ein. Zunächst einmal zu den lieben Katzen, die mittlerweile über 200 Häftlingen das Leben erleichtern.

4.3. Von Katzen und grenzenlosen Ärzten

Kürzlich erfuhr ich von einem überaus erfolgreichen Projekt einer amerikanischen Strafvollzugsanstalt. Im *Bay Side State Prison* hatte man nach und nach über 70 Straftätern Katzen zur Betreuung anvertraut. Anfangs war die Sorge groß, ob die Kriminellen den Vierbeinern etwas antun würden, doch das passierte in den bislang sechs Jahren kein einziges Mal. Im Gegenteil! Die Aufseher waren überrascht, wie liebevoll die „bösen Jungs der Nation“ mit den Tieren umgingen. Da wurde geküsst, geschmust, gestreichelt und verwöhnt, dass das Herz aufging. Viele Inhaftierte übernahmen zusätzliche Jobs, um ihren Katzen besseres Futter oder Spielzeug kaufen zu können. Nicht nur das. Die Rückfallquote zur Straffälligkeit sank um über fünfzig Prozent! Das Projekt ist so erfolgreich, dass man es nun flächendeckend in den USA einführen will. Man sieht, es ist nicht alles flachgeistig und profitorientiert, was aus Amerika kommt, und dass man da durchaus eine Menge lernen kann.

Ein amerikanischer Psychologe meinte, Katzen werten ihre Herrchen nicht nach deren Gefängnis-Kleidung und seien einfach nur lieb und zutraulich zu allen. Sie würden Zuwendung und Liebe aufnehmen und zurückgeben – ohne Diskriminierung. Ich gehe noch einen Schritt weiter. Die meisten Insassen wurden zu Kriminellen und Gang-Mitgliedern, eben weil sie keine Perspektive mehr im Leben hatten. Das Sich-kümmern um ein Lebewesen, das ihre Hilfe dankbar annimmt, gibt ihrem Leben einen Sinn. Sie bekamen eine Aufgabe, für die es sich lohnt, zu leben und zu arbeiten. Und diese Aufgabe ist mit Liebe und Freude verbunden. Das muss ja funktionieren!

In Sri Lanka war ich einmal zu Besuch in einem Heim für junge Ausländer, das mit ehrenamtlichen Aufgaben verbunden war, an denen man teilnehmen musste bzw. durfte. So waren europäische Schüler im Alter zwischen 14 und 19 damit beschäftigt, einheimische Kleinkinder eines Waisenhauses zu versorgen, ihnen aus Büchern vorzulesen, gemeinsam zu spielen, die Betten zu machen und dergleichen. Wieder andere besuchten täglich ein Altersheim und betreuten stundenweise alte Frauen. Auf Englisch nennt man dies „Volunteer Project". Es gibt sie auch in Indien, Afrika, Thailand und … sie sind überfüllt!

Die Nachfrage ist so riesig, dass sich daraus ein Volunteer Business entwickelt hat, denn die Jugendlichen zahlen dafür, und nicht wenig. Zwei Wochen in Sri Lanka kosten zwischen 1.500 und 2.000 Euro mit Vollverpflegung. Die Mahlzeiten sind meist ohne Fleisch, sehr einfach und nicht mit Hotelessen zu vergleichen. Die Unterkunft ist zu zweit oder zu dritt, ohne Klimaanlage und ohne Möbel im Zimmer. Ich war überrascht zu sehen, wie viele junge Leute Reisestrapazen (plus Flugkosten) auf sich nehmen, nur um am anderen Ende der Welt nützlich zu sein. Ich erlebte sogar, dass eine Engländerin, die nach vier Wochen abreisen musste, in Tränen aufgelöst war, weil sie länger bleiben wollte. Eine Australierin drückte eine alte Greisin im Heim so lange, als ob sie sie gar nicht mehr loslassen wollte. Welches Großmütterchen in Deutschland wird so von ihren Enkeln umarmt, fragte ich mich.

Liegt es daran, dass die srilankischen Senioren (und Kinder) einfach nur froh sind, frei von Wertung? Sie fragen nicht nach der schulischen Leistung ihrer Enkel. Sie enttäuschen nicht, weil sie uns 20 Euro zum Geburtstag schenken, statt den 200 der Großeltern unsere Freunde, die damit prahlen. Aber es liegt noch mehr in der Luft. Wer in Deutschland würde einer 15-jährigen Schülerin die Betreuung von acht oder zwölf Kleinkindern anvertrauen, inklusive Bettenmachen und Windeln wechseln? Das nämlich gehört in Sri Lanka dazu, wobei die „Helden aus Europa“ nur kurz eingewiesen, nicht aber kontrolliert oder beobachtet werden. Dieses entgegengebrachte Vertrauen würden sie in ihrer Heimat nicht erfahren, wo man – davon mal abgesehen – für jeden Handgriff eine amtliche Genehmigung oder Qualifikation vorweisen muss – außer, man wird Politiker. Sehen Sie die Parallele zum Katzen-Projekt in Amerika? Die schweren Jungs wurden weich und liebevoll, weil man ihnen etwas anvertraute, weil ihre Bemühung Freude auslöste.

Jedes Jahr fliegen hunderte Mediziner europäischer Nationalitäten in arme Länder, um dort Ärzten zu assistieren oder selbst Operationen durchzuführen – ehreamtlich! Hierfür nehmen Sie ihren Jahresurlaub oder befreien sich ein paar Monate von der Klinik, die sie anstellt. Einmal traf ich in Indien einen solchen „Arzt ohne Grenzen“, wie man sie nennt, und erfuhr, dass der Extra-Job sie daran erinnern würde, warum sie überhaupt Medizin studiert hatten. Die Patienten in Indien seien so froh und dankbar für die Behandlung (ohne die sie sonst verloren wären), dass man dieses Erlebnis mit Geld nicht aufwiegen könne. In Deutschland dagegen gliche die Arbeit an einem Krankenhaus einer Fabrik, bestenfalls einer Klapsmühle. OPs müssten sie anordnen, auch wo es nicht notwendig ist, nur um vorgegebene Quoten zu erfüllen. Rund um die Uhr sei der OP-Saal besetzt und gliche einer Akkord-Arbeit am Fließband. Wegen der vielen administrativen Arbeiten habe man keine Zeit, sich den Patienten zu widmen oder ganzheitlich vorzugehen. Und statt Dank gäbe es Druck. Dazu viele Rechtsstreitigkeiten, sodass die Arbeit keine Freude mehr bereite. Und wehe, man würde aus Versehen einen Kollegen vergessen oder übergehen, der in der Klinikhierarchie etwas höher stünde. Er tat mir leid.

Nun, wenn so viele Menschen in Deutschland, und selbst Studenten, einfach nur nützlich sein, einfach nur einen Sinn erkennen, helfen und Freude auslösen wollen, warum machen wir es ihnen dann so schwer? Ich bin davon überzeugt, dass junge Berufseinsteiger, wie auch alle Arbeitnehmer, Freude an ihrer Tätigkeit fänden, wenn sie diese in dem Bewusstsein ausführten, damit von Nutzen für andere zu sein und dadurch etwas zu bewirken. Dieses Gefühl haben sie nicht, weder vor noch nach ihrem Studium, weshalb sie sich mit Sekundenkleber an Straßen festnageln, um wenigstens der leidenden Umwelt von Nutzen zu sein – glauben sie zumindest.

Wenn ein Taxifahrer abends nach Hause kommt mit dem schönen Gefühl, er hat vielen Fahrgästen geholfen, sicher von A nach B zu gelangen, schläft er mit einem glücklicheren Gefühl ein als sein Kollege, der mit Schrecken an den nächsten Tag denkt, an dem er wieder so wenig Trinkgeld *„von der scheiß Kundschaft"* bekommt. Was glauben Sie wohl, wer von den Beiden am ehesten an Herzleiden erkrankt? Bewusstsein ist alles!

Und was lernen wir hieraus? Wenn die Arbeit trotz Bemühungen und gutem Willen keine Freude auslöst, wenn wir uns unglücklich von einem Tag zum nächsten zwingen: Abstand nehmen, die Lage überdenken, neue Ziele setzen – radikal etwas ändern! Die innere Stimme hilft uns dabei, garantiert, aber nur wenn wir hinhören. Sonst laufen wir Gefahr, durch Leid zum Umdenken und Ändern gezwungen zu werden. Für einen Neuanfang ist es nie zu spät, auch wenn der Mut dazu mit den Jahren weniger wird. Darum mein Appell an die junge Generation: Vertraut eurer inneren Stimme und lasst euch nicht systemgefügig machen!

4.4. Freude als Barometer

Unsere Stimmung ist der verlässlichste Indikator, ob wir im richtigen Boot sitzen oder auf der Titanic. Wenn keine Freude aufkommt im Leben – analysieren und umdenken! Wenn in Anwesenheit eines Freundes oder Partners unsere Energie weniger wird – etwas ändern oder Abschied nehmen! Wenn wir unglücklich, unzufrieden, deprimiert sind – raus aus dem Umfeld! Abstand nehmen und die Lage überdenken!

Stimmung hat etwas mit Stimme zu tun. Und Stimme mit Mitteilung. Wer will uns etwas mitteilen? Unser Unterbewusstsein, unser höheres Selbst, unsere Seele, die innere Intelligenz? Nennen Sie es, wie Sie wollen, Hauptsache Sie hören hin! Vor lauter Stress und Ablenkung im täglichen Leben, vor lauter Gedanken und Sorgen (zusätzlich zu den hundert Mitteilungen auf dem Handy) vergessen wir, auf unser Gespür Acht zu geben. Wenn das passiert, sind wir verloren. Wir werden zum Spielball für die Außenwelt, die nur unser Bestes will: unser Geld und unsere Arbeitskraft.

Wir sollten also bewusster leben, bewusster auf die Signale der Seele achten, genauer hinhören, was die in uns eingebaute höhere Intelligenz uns sagen will, nicht erst, wenn es zu spät ist, nicht erst, wenn wir vor einem Scherbenhaufen stehen oder im Krankenhaus aufwachen oder Haus und Hof verloren haben. Dieser Ratschlag gilt natürlich auch für Schüler und Studenten, denn niemand sonst wird sie darauf aufmerksam machen. Die Lehrer selbst laufen doch im Hamsterrad und haben kein Bewusstsein für diese Dinge. Sie verteilen theoretisches Wissen (ähnlich den Politikern) und glauben, sie stünden über den Dingen. Speziell geschulte Pädagogen sind da eventuell eine Ausnahme.

Alles und jeder, der uns auf einen Fehler, auf eine Kursabweichung, auf ein Leben abseits uns selbst aufmerksam macht, ist ein Segen. Der wahre Freund ist der, der uns die Augen öffnet, uns einen Spiegel vorhält und sagt, dass wir in die falsche Richtung laufen, der uns hilft, unseren Weg im Leben zu finden. So zumindest gehe ich in meinen Beratungsgesprächen vor. Ich analysiere, ob jemand gemäß seiner Natur, gemäß seinem Seelenplan lebt, oder sich davon entfernt hat, halte ihm einen Spiegel vor. Kaum, dass er sich dessen bewusst wird, fängt er von selbst an zu laufen. (Zur Erinnerung: *„Aus rechtem Verstehen entsteht rechtes Handeln.“*)

Von wiederholten Sitzungen, Abhängigkeiten und Patientenbindung halte ich überhaupt nichts. Das ist Geschäftemacherei. Wenn es beim ersten Mal nicht „klick“ macht, gibt es eventuell noch ein zweites Gespräch. Mehr nicht. Der Aha-Effekt, den ich auslöse, treibt den Hilfesuchenden sofort zum richtigen Handeln an. Dann weiß ich, ich habe gute Arbeit geleistet. Der andere muss so glücklich und zufrieden sein, dass er mir zehn neue Kandidaten schickt. Freude ist ansteckend! Und Geld für Werbung brauche ich auch keines.

Die Jugend von heute hat zum Glück etwas von der Vorgeneration gelernt und ist schneller dabei, den Arbeitgeber zu wechseln, wenn die Tätigkeit keine Freude auslöst. Die jungen Leute wollen mit ihren Fähigkeiten etwas bewirken, und das ist gut so.

Wenn Hunderte für den Regenwald oder für CO_2-Grenzwerte auf Demos gehen, geht es ihnen nicht um den Umweltschutz. Sie möchten sich für etwas Sinnvolles einsetzen, nicht einfach nur Teil eines Systems sein. Fänden sie dieses Ziel durch einen passenden Beruf, sie wären Gold wert für die Gesellschaft. Schließlich enthält das Wort Beruf den „Ruf" als Kern. Das ist weltweit einmalig! Wer diesem Ruf, also seiner Be**ruf**ung, folgt, liegt immer richtig.

Das setzt jedoch voraus, dass die Wahrnehmung hierfür funktioniert und wir unserer Ur-Natur folgen, statt uns systemkonform biegen zu lassen. Nebst den vielen Sorgen und Ablenkungen im Alltag kommt noch ein Faktor hinzu, der unsere Wahrnehmung erschwert: Von allen Völkern, die ich kenne, sind die Deutschen schnell dabei, anderen vorzugeben, was richtig oder falsch sein soll, wie und was sie zu denken haben. Das geht so weit, dass eine deutsche Kanzlerin dem russischen Präsidenten sagt, wie er sich in Bezug auf die Ukraine zu verhalten habe, was meines Erachtens den Krieg auslöste. Es geht so weit, dass Deutschland dem Rest der EU vorgibt, welche Gesetze übernommen und welche Maßstäbe angewendet werden sollen. Die Schweizer machen diesen Affenzirkus nicht mit, und die Engländer hatten von dieser Bevormundung endlich die Nase voll – der wahre Grund für ihren Brexit.

Jede Form von Passendmachen und Zurechtbiegen anderer ist ein Eingriff in deren freien Willen – ein Vergehen an seiner (von Gott gegebenen) Natur.

4.5. Evolution rückwärts?

Entwickelt sich der Mensch nur dann weiter, wenn er vor einem Scherbenhaufen steht? Wäre es nicht klüger, ohne Leid zu neuen Erkenntnissen zu gelangen – sowohl weltpolitisch wie im eigenen Leben? Muss immer erst alles den Bach runtergehen, bevor wir aufwachen? Wenn man es sich recht überlegt, leben wir von einem Tag auf den nächsten, verlieren uns in der Routine des Alltags, werden dominiert von unseren Gedanken, Wünschen und Sorgen, laufen Annehmlichkeiten oder dem Geld hinterher und distanzieren uns immer weiter von uns selbst, von unserer inneren Stimme. Sind wir nicht ein Objekt ständiger Beeinflussungen, Gefangene unserer selbst? Wie kann der Mensch sich da entwickeln? Schauen Sie sich um! Beobachten Sie einmal, wie die Massen verstrickt sind in Alltag und Arbeit, wie sie laufen und laufen und dabei übersehen, dass sie in die falsche Richtung laufen.

Befassen Sie sich mit der Menschheitsgeschichte, mit Kriegen und Krisen. Ohne neue Erkenntnisse und ohne tiefe Einsichten macht die Menschheit seit Tausenden von Jahren immer die gleichen Fehler. Sie ordnen sich unter, laufen mit der Masse mit, fügen sich der Obrigkeit, verwickeln sich in Streitigkeiten und Nichtigkeiten, zerstören die Umwelt, tun anderen Unrecht. Selbst die „guten Christen“ werfen Steine auf Querdenker und Sonderlinge, die im Namen der Liebe handeln. Es hat sich seit Jesus nichts geändert. Wem nützt denn das Gerede von Nächstenliebe und Vergebung, wenn ich mir meiner schädlichen Gedanken, Worte und Taten nicht bewusst bin? Mir scheint, als habe sich in den vergangenen 500 Jahren nur die Technik entwickelt, nicht der Mensch selbst. Und so wird das Leid auf Erden nicht weniger, sondern mehr, auch wenn es zwischendurch Phasen des Friedens, des Reichtums und der Entspannung gibt.

Merken Sie, dass letztendlich alles an mangelndem Bewusstsein scheitert? Merken Sie, dass der einzige Ausweg eine Anhebung unserer Wahrnehmung ist? Das ganze Wissen, das man uns auf Schulen vermittelt, ist tote Materie, wenn das Bewusstsein nicht entwickelt wird. Was würde Buddha wohl dazu sagen, immerhin ein weltweit anerkannter Experte auf dem Gebiet der Bewusstseinserweiterung? Wahrscheinlich Folgendes:

„Leben ist Leiden. Und solange die Ursache von Leid unerkannt bleibt, gibt es kein Entrinnen. Die Menschen häufen sich schlechtes Karma an, werden tausende Male wiedergeboren. Wer sich seiner Handlungen und Entscheidungen jedoch bewusst ist, achtsam und aufmerksam lebt, wird weniger Karma anhäufen und sich viel Leid ersparen, sowohl im jetzigen Dasein wie auch danach.“

Nun, im Prinzip ist das der Kern seiner Lehre. Wie aber erlange ich Achtsamkeit, wie Bewusstsein? Kaufen kann man es nicht, und an Universitäten wird es nicht gelehrt.

Wie schon erwähnt, erfahren manche einen Bewusstseinssprung durch ein schockierendes Erlebnis oder durch eine Tragödie in ihrem Leben. Der Verlust eines Freundes durch Krankheit oder Unfall führt uns die Vergänglichkeit des Lebens mehr vor Augen als das Lesen dutzender Ratgeber. Ein Burnout, ein

Herzinfarkt oder ein Nervenzusammenbruch kann ebenso zum Umdenken führen. Doch den Weg über Leid und Chaos kann man sich ersparen.

Es geht hier nicht um Karma und weniger Leid im nächsten Dasein. Es geht um unser Glück im jetzigen Leben! Außerdem darum, nicht mehr so leicht von anderen beeinflusst zu werden! Und es geht darum, unseren Weg im Leben zu finden bzw. unser Gespür zu trainieren. Es geht um ultimative Freiheit, um das Erlangen ultimativer Glückseligkeit. Das Ganze hat also mit Vor- und Nachleben oder östlicher Philosophie nichts zu tun.

Es geht darum, durch Bewusstsein im Alltag bei uns selbst zu bleiben, die richtigen Entscheidungen zu fällen, den besten Partner, Beruf, Lebensinhalt zu finden, statt von Wirtschaft und Gesellschaft ausgenutzt zu werden. Es geht um Glück und Zufriedenheit sowie um die Vermeidung fataler Fehler, die wir am Ende unseres Lebens bitterlich bereuen. Der einzige Weg dahin ist die Verbindung zu unserer Seele, der Kontakt zu unserer inneren Warnanlage, also bei uns zu bleiben. Das geht nicht, wenn wir zerstreut, abgelenkt oder manipuliert werden. Es geht nur über Bewusstwerdung unserer Gedanken und dessen, was um uns herum geschieht.

4.6. Wie erlangt man höheres Bewusstsein?

Reisen erweitert auf jeden Fall den geistigen Horizont, was ich so manchem Minister und Regierenden wünsche. Wer mehrere Jahre in fernen Ländern verbracht hat, kommt mit einem Denken zurück, das ganzheitlicher ist als das engstirnige deutsche. Ob sich dadurch auch das Bewusstsein verändert, hängt von tiefgehenden Erfahrungen ab. Das Bereisen eines Landes in der Gruppe verleiht Eindrücke, reicht aber nicht aus, um ein Volk zu begreifen. Hierfür sind Individualreisen besser. Das Aneignen einer Fremdsprache erhöht auch den geistigen Horizont, da man lernt, außerhalb der starren, deutschen Grammatik zu denken.

Versuchen Sie einmal, jemandem die Erfahrung bedingungsloser Liebe weiterzugeben. Sie werden sofort an die Grenze des Ausdrückbaren geraten. Der andere wird den Kopf schütteln und weiterziehen. Es liegt in der Natur der Sache, dass man Bewusstsein nicht weitergeben kann, aber man kann andere darin unterstützen, zur selben Einsicht, zur selben Erkenntnis, zur selben Erfahrung zu gelangen.

Bewusstsein hat einen ganz anderen Tiefgang als Wissen, Verstehen, Begreifen oder die Erweiterung des geistigen Horizonts. Hierzu ein Beispiel für sofortiges Anheben von Bewusstsein. In den Aufzeichnungen des historischen Buddhas gibt es eine Episode, die unter dem Titel »Das Senfkorn« bekannt ist: Einst führten die Dorfbewohner dem ehrwürdigen Buddha eine Frau vor, die vor Trauer verrückt wurde. Sie schrie alle an, heulte den ganzen Tag und drohte, jeden Augenblick völlig irre zu werden. Sie hatte ihren Sohn durch eine Krankheit verloren und war untröstlich. Ob denn der Buddha etwas für sie tun könne. Als die Frau sich ihm näherte, flehte sie ihn an, er möge ihren Sohn zurückbringen, ihn von den Toden auferstehen lassen, da er doch über Wunderkräfte verfüge. Alles Reden half nichts, da die Frau nur ihren Sohn wiederhaben wollte. Da nickte Buddha und sagte: *„Na gut, na gut, ich bringe Dir Deinen Sohn zurück.“* Die Mutter erstarrte vor Freude. Er: *„Aber für ein bestimmtes Ritual benötige ich ein Senfkorn. Und dieses Senfkorn muss aus einem Haushalt stammen, wo noch keiner verstarb.“* Die Mutter lief sofort los, befragte all Leute im Dorf, ging ins nächste Dorf, klopfte an unzähligen Türen und war nach mehreren Wochen kräftemäßig am Ende. Alle Familien hatten etwas zu beklagen, unter jedem Dach ein Ach. Und bei allen ist ein lieber Mensch verstorben. Da erkannte sie, dass Buddha ihr lediglich etwas mitteilen wollte. Ihre Verrücktheit ließ augenblicklich nach und sie wurde eine seiner Schülerinnen.

Hätte Buddha nur gesagt, dass jeder mal sterben müsse oder dergleichen, sie hätte es eventuell verstanden, vom Kopf her, mehr nicht. Erst das BEWUSSTSEIN, dass alle früher oder später sterben müssen, hat mit ihr etwas gemacht.

In meinen Seminaren, in denen ich ganzheitliches Diagnostizieren vermittle, lege ich wenig Wert auf theoretisches Verstehen. Ich lasse die Kursteilnehmer ihre eigenen Erfahrungen machen. Erst wenn sie die Theorie so begriffen haben, dass sie nachvollziehbar ist, und zwar als Teil ihrer eigenen ERFAHRUNG, sind sie in der Lage, es in Anwesenheit von Patienten umzusetzen. Und das machen sie dann wirklich besser als solche, die nur den Kopf voller Wissen haben. Das Machen-lassen eigener Erfahrung erachte ich als wichtigstes Instrument für mich als Seminarleiter.

Als ich in Sri Lanka Kurse an Teilnehmern aus Europa gehalten hatte, machte ich mir einen Spaß daraus, einheimische Ayurveda-Ärzte einzuladen und sie auf die Probe zu stellen. Sie sollten die Ursache von Erkrankungen an geladenen Gästen herausfinden, vor meinen Teilnehmern. Die Ärzte schauten sich die Zunge an, fühlten den Puls, fragten nach der Verdauung und vieles mehr, kamen der Ursache der Erkrankungen jedoch nicht auf die Spur, oder korrekter gesagt: Wollten sie auch gar nicht wissen, da ihre Patienten meist wegen körperlicher Wehwehchen kamen, die mit einigen Kräutern schnell geheilt waren. Meine Teilnehmer aus der Schweiz und Deutschland erkannten nach 15 Minuten exakt die Pathogenese, sehr zur Verblüffung der anwesenden Ärzte, die das in der Form nie gelernt hatten.

Eine altbewährte Methode zur Bewusstseinsanhebung ist das stille, meditative Beobachten der Atemzüge. Unsere Lunge expandiert über 20.000 Mal pro Tag. Wir würden ohne Sauerstoff sterben. Das Beobachten der Atmung ist eine Technik, die schon Buddha seinen Schülern beibrachte und die heute noch gelehrt wird. Warum ist diese Technik so wertvoll? Weil wir ständig im Außen leben, abgelenkt durch dies und jenes. Wir merken nicht, was in uns vorgeht, wie unser Herz schlägt, das Blut fließt, die Zellen regenerieren. Indem wir die Aufmerksamkeit nach innen lenken, werden wir uns einer wichtigen Funktion bewusst, was das Bewusstsein insgesamt anhebt Ich selbst habe mich hierin geübt und kann nur Gutes berichten. Eine Anleitung befindet sich am Ende des Buches. Doch es ist nicht der einzige Weg.

Bewusstsein kann sich dank einer Erkrankung ändern, wie zuvor geschildert. Doch nicht nur Härtefälle tragen dazu bei. So hatte ich zum Beispiel Fälle von chronischen Schlafstörungen, die durch Rohkost am Abend oder durch Wasseradern ausgelöst wurden. Sobald sich durch Änderung der Ernährung (oder Umstellen des Bettes) eine erholsame Nachtruhe einstellt, leben die Betroffenen in dem Bewusstsein, dass ihr Abendessen sehr wohl Gesundheit und Schlaf beeinflusst. Sie ernährten sich fortan bewusster. Ohne Erfahrung ist der beste Rat nicht das Papier wert, auf dem er geschrieben steht.

4.7. Der Schlüssel ist Achtsamkeit

Um unser Bewusstsein so hoch wie möglich zu halten, gibt es eine gute Methode: ACHTSAMKEIT. Achtsamkeit ist der Kern einer jeden Ausbildung im japanischen Zen. Sie beinhaltet aufmerksames Zuhören, Hinhören und Beobachten aller Dinge um uns herum. Also kein gedankenloses Autofahren oder Kochen, sondern mit Aufmerksamkeit und vollem Bewusstsein die täglichen Dinge verrichten. Entstehen negative Emotionen wie Wut, Ärger, Eifersucht usw., wird man sich dieser bewusst und hinterfragt sie. Wo kommen sie her? Was hat sie ausgelöst? Gibt es unverarbeitete Erlebnisse und Muster? Schrittweise steigert sich dann das Bewusstsein, in dem wir leben. Es ist keineswegs so, dass man durch Meditieren allein weiterkommt. Viele Menschen im Westen glauben, man müsse nur täglich 20 Minuten meditieren oder sich der Musik von *Enya* hingeben und sei dann in wenigen Monaten so weise wie Buddha. Die vielen spirituellen oder esoterischen Ratgeber nützen nichts ohne tägliche Praxis.

Schauen Sie, die meisten von uns merken nicht, was um sie herum geschieht, was der Ehepartner fühlt, wie die Kinder sich sorgen, wie die eigenen Gedanken immer mehr kreisen, welche Not ihre Nachbarn gerade leiden und dergleichen. Ständig abgelenkt durch eine Flut an Nachrichten und Informationen, beschäftigt mit der Urlaubsplanung, dem Feierabend, dem Wunsch nach einem neuen Auto oder einer schöneren Wohnung kommt unser Denkapparat nie zur Ruhe … zusätzlich ja noch zu dem vielen „Wissen“, das uns in Schule und Weiterbildungen eingetrichtert wird. Wie soll da Achtsamkeit entstehen, wenn wir permanent im Äußeren leben und ständig abgelenkt werden?

Menschen mit einer sehr guten schulischen Bildung und einem hohen IQ haben insgesamt auch eine andere Wahrnehmung bzw. ein etwas höheres Bewusstsein als der Durchschnitt. So gesehen wären Akademiker nicht ungeeignet für eine spezielle Schulung in Richtung Bewusstseinsanhebung. Als ich in Japan mehrere Zen-Klöster besuchte und mich mit Mönchen austauschte, darunter viele Ausländer, fiel mir auf, dass nahezu alle eine höhere Schulbildung genossen hatten – mindestens College in Amerika oder der Besuch einer Universität. Es waren keine Dummköpfe dabei. Insofern belächele ich nicht die Akademiker, nur weil sie Akademiker sind, sondern weil ihre Entscheidungen oft realitätsfremd sind. Das Problem ist, dass sie den Denkapparat im entscheidenden Moment nicht ausschalten können. Das fällt Akademikern schwer, eben weil sie durch rationales Denken weit im Leben kamen und weiterhin daran festhalten wollen.

Es gibt eine bekannte Zen-Anekdote, die sich vor rund 200 Jahren in Japan zugetragen hat. Der bekannte Zen-Meister Tangen-Roshi inspizierte ein Kloster in den Bergen. Schon Tage zuvor hatte man sich auf den hohen Besuch vorbereitet, alles geputzt und sauber gehalten. Am dritten Tage seines Besuches ging der Meister in den Garten und betrachtete einen jungen Mönch, der vor ihm auf dem Boden saß und meditierte. Regungslos saß er da und wollte wohl dem Meister imponieren. Tangen-Roshi schaute geduldig zu, ging dann auf eine Felswand zu, wenige Meter vor dem jungen Mönch, nahm den Zipfel seines Gewandes und rubbelte damit gegen die Felswand. Als der Zipfel zerfetzt war, nahm er den anderen und wischte weiter an der Steinwand.

Nach einiger Zeit konnte der jüngere sich nicht mehr zurückhalten. „*Verehrter Meister, was machen Sie denn da?*" Der leise, ohne sich umzudrehen: „*Oh, ich versuche aus dem Felsen hier einen Spiegel zu machen. Ich muss ihn nur glatt polieren.*" „*Aber ehrwürdiger Meister. Sie könnten jahrelang den Stein polieren, daraus würde nie ein Spiegel werden.*" Jetzt drehte der Meister sich um, schaute dem jungen Mönch direkt in die Augen und sagte mit lauter Stimme:

> „*Richtig! Und genauso unmöglich ist es, nur durch Sitzen das Bewusstsein anzuheben. Wer sich nur aufs Meditieren verlegt, wird nicht weiterkommen. Da kannst Du noch 50 Jahre sitzen. Achtsamkeit im täglichen Leben ist der Weg zu einem höheren Bewusstsein! Übe Achtsamkeit!*"

Als ich Liisa traf, die aufgeweckte junge Frau aus Finnland, stellte ich ihr eine schwierige Frage: Kann man Bewusstsein aneignen bzw. erlernen, oder muss man damit auf die Welt kommen? Nach zehn Sekunden Denkzeit bekam ich folgende Antwort:

> „*Es gibt Menschen, die kommen mit einem höheren Bewusstsein auf die Welt. Die haben natürlich einen Vorteil. Aber man kann es auch entwickeln, wenn man offen dafür ist. Viele junge Menschen sind offen dafür, sonst gäbe es nicht so viele Vegetarier oder solche, die sich für klassische Musik begeistern. Es ist wichtig, dass wir uns bewusst werden, was wir konsumieren! Auch*

sollten wir uns negativer Energien im Umfeld bewusst werden. Wer tut uns gut, wer nicht? Welche Emotionen entstehen in uns und warum entstehen sie? Wir müssen in uns hineinspüren, was Musik mit uns macht, wie uns nach dem Anschauen der Nachrichten zumute ist, sind wir glücklich, zufrieden? Wie geht es uns im Zusammensein mit anderen? Selbst beim Kochen sollten wir bewusst die Zutaten wählen, uns bewusst ernähren. Der Besuch eines Konzertes mit klassischer Musik kann unser Bewusstsein anheben, wenn wir die verschiedenen Instrumente bewusst wahrnehmen, was sie emotional mit uns machen…“

Ich übertreibe nicht, wenn ich behaupte, dass ein erleuchteter Zen-Meister keine bessere Antwort hätte geben können. Dabei ist Liisa erst 24 Jahre jung und studiert noch. Wenn junge Menschen es schaffen, zu solchen Erkenntnissen zu gelangen, dann besteht Hoffnung für die Zukunft. Vielleicht ist ja doch noch nicht alles verloren. Die Gegenbewegung zur gesteuerten Verblödung muss nur groß genug sein. Doch dafür müssen wir alle anpacken. Auch Sie!

Kurz angemerkt

Der lateinische Wortursprung von Intelligenz „inter legere" bedeutet wörtlich: eine überlegte Wahl treffen (zwischen zwei Möglichkeiten gut entscheiden). Eine gute Entscheidung bzw. Wahl gelingt jedoch selten durch Wissen allein, auch nicht durch Theoretisieren. Soviel zum Ursprung (echter) Intelligenz, die also eine Portion Bewusstsein beinhaltet. Vom Bauch heraus eine richtige Entscheidung zu treffen, wäre somit intelligenter als ewiges Grübeln oder Diskutieren, das zu keinem Ergebnis führt.

Schlussplädoyer

Viele Deutsche sind unglücklich und verängstigt, auch wenn man es ihnen nicht ansieht. Sie spüren, dass es so nicht weitergehen kann, dass die Lebensqualität permanent abnimmt. *„Nur weg, weg, weg.“*, denkt so mancher. Wer es sich leisten kann, verreist so oft es geht in Länder, wo es entspannter zugeht, oder wandert gleich ganz aus. Ich traf immer wieder Deutsche in Kanada, Thailand und Sri Lanka an (in Australien soll es auch viele geben), die mit dem langsameren Tempo dort glücklich wurden. Das Sozialsystem in Deutschland ist natürlich verlockend, ebenso die Ordnung und Rechtsstaatlichkeit. Doch was nützt das selbst erbaute Sicherheitsgefängnis, wenn es nur dem Überleben dient, nicht dem LEBEN?

In meinem Buch »Geistwesen« zitierte ich Dr. Carl Wickland, einen amerikanischen Psychiater, dessen medial veranlagte Frau mit Verstorbenen kommunizieren konnte. Viele Verstorbene, die als Geistwesen (erdgebundene Seelen) unglücklich umherirrten und Hilfe suchten, hatten eines gemeinsam: Reue. Oh wie gerne sie doch wieder einen Körper hätten, um ihren Liebsten noch etwas mitzuteilen, um eine Dummheit wieder gutzumachen, um eine Aufgabe zu erledigen, für die sie doch eigentlich auserwählt waren. Nun sei es zu spät, was ihnen unsäglich leid täte.

Doch man muss nicht erst unglücklich sterben, um sein Leben zu vertun. Wenn es Sie in eine bestimmte Richtung zieht, wenn Sie sich zu einer Tätigkeit berufen fühlen, oder wenn Sie von einer Vision, von einer Aufgabe, oder von einer fremden Kultur oder Sprache fasziniert sind, folgen Sie diesem Gespür, auch wenn es weniger Sicherheit, weniger Einnahmen bedeutet. Nichts ist grauenvoller im Leben, als einen Weg einzuschlagen, den andere uns suggerieren, der aber im Grunde nicht zu uns passt. Die Reue am Ende unseres Lebens ist dann so groß, dass wir nicht in Frieden in die nächste Dimension übergehen können und erdgebunden bleiben. Auch wenn Sie solches nicht glauben, Reue an sich ist schlimm genug.

All die Verlockungen, die hoch bezahlte Jobs bieten, all die Anerkennung im Außen, nach der wir uns sehnen, und die doch im Grunde ein Ersatz für Liebe ist, sind kein Vergleich zu der Glückseligkeit, die man durch eine Tätigkeit findet, die genau zu uns passt, mit der wir andere glücklich machen können und selbst dabei Glück empfinden. Es gibt sie, ganz bestimmt! In dem Dschungel an Informationen, Einflüssen und Vorgaben in unserer Gesellschaft wird es immer schwieriger, die innere Stimme zu finden und ihr treu zu bleiben – aber es ist nicht unmöglich.

Was wir brauchen, ist eine andere Wahrnehmung. Doch die haben wir! Seien wir ehrlich: Als Kinder waren wir mit dieser Wahrnehmung ausgestattet, hatten noch den tollen Kontakt zu unserer Innenwelt. Das wurde uns später ausgeredet, ging aber nie ganz verloren. Wir müssen den Schmutz auf unserer Antenne nur entfernen, dann funktioniert sie wieder. Doch so ganz ohne Übung und Hilfsmittel wird's schwierig. Ob Sie nun meditieren oder etwas anderes machen, wichtig ist nur, dass Sie sich der Fremdsteuerung von außen bewusst werden, damit Ihnen auffällt: *„Moment mal. Passt das zu mir? Bin das ich? Erzeugt diese Denk- oder Arbeitsweise Stress, oder entspricht es meiner Überzeugung? Was sagt mein Bauchgefühl dazu?“*

Natürlich geht es nicht um Beruf und Berufung allein. Die Medien sind mittlerweile zensiert und manipulativ. Wem kann man noch vertrauen? Wer sagt die Wahrheit? Ich will es Ihnen verraten: Dem kleinen Kind in Ihnen können Sie blind vertrauen. Stellen Sie den Kontakt wieder her und verlassen Sie sich auf Ihr Gespür. Kultivieren Sie es, egal wie, aber bleiben Sie in Ihrer Mitte und helfen Sie anderen, besonders den Jugendlichen, dass sie das ihrige ebenso finden. Lassen wir nicht zu, dass wir versklavt oder in eine Richtung gedrängt werden, die nicht unserem Seelenplan entspricht.

Ja, man kann auch in einer Leistungsgesellschaft wie Deutschland sein Glück finden, vorausgesetzt, man bleibt sich treu. Und sollten Sie bei der Analyse Ihres Lebens und dem Finden Ihrer Aufgabe Hilfe brauchen, so dürfen Sie mich gerne kontaktieren. Sie sind ja schon auf dem besten Wege. Sonst hielten Sie dieses Buch jetzt nicht in Ihren Händen. Kopf hoch, und Herz auf!

Ihr

Manfred Krames

Nachwort von Jan van Helsing

Wir befinden uns inmitten eines historischen Paradigmenwechsels: Werteverluste zum einen, politisches Chaos zum anderen. Und so ganz nebenbei schlittern wir in eine fatale Anhängigkeit mit China, das uns mit elektronischen Produkten aller Art beliefert. Ich habe mich oft über den Kurs der Regierung geärgert und meinen Lesern die Absurditäten vor Augen geführt, doch all dies im Zusammenhang zu sehen mit mangelndem Bewusstsein, so wie Prof. Krames es anführt, lässt die Entscheide der Regierenden in einem ganz anderen Licht erscheinen.

Sein Rückblick auf die 1970er-Jahre, als Politiker noch mit kollektiver Verantwortung gesegnet waren, dann die rapide Abwärtsbewegung im Zusammenhang zu sehen mit einer Zunahme an Geschwindigkeit und dem Einfluss digitaler Technik – das ist logisch nachvollziehbar und gleichzeitig das Resultat eines gewaltigen Prozesses, den Autoren wie ich als die seit Jahrhunderten angekündigte Frequenzerhöhung bezeichnen, die unser Sonnensystem nun erfährt. Alles beschleunigt sich, nicht nur die technischen Entwicklungen, sondern auch der Lebensprozess an sich, was bedeutet, dass alles, was wir denken oder fühlen, was wir erhoffen oder wovor wir Angst haben, auf unsere Realität einwirkt, und das schneller als je zuvor! Wird jemand beispielsweise in eine sozial schwache Familie hineingeboren, ist möglicherweise Langzeitarbeitsloser und beim Bildungsniveau ganz unten, in Kombination mit Trash-Fernsehen und möglicherweise auch Alkohol und Drogen, dann wird diese Ursache jetzt schneller eine Wirkung entfalten – Chaos, Krankheit, Kriminalität, Verblödung und Systemabhängig- und hörigkeit. Dies erfährt nach dem Gesetz der Resonanz auch die positiv-konstruktive Seite. Wer seiner inneren Stimme vertraut, an sich arbeitet – sei es an der Ernährung, Sport, Fremdsprachen, Bildung, vor allem aber dem bewussten Denken und der entsprechenden Verwendung der Kraft seiner Worte –, der kann einen Turbo-Boost erleben. Das heißt, man kann Zustände erleben – beispielsweise bei einer Meditation –, die einer Erleuchtung ähneln, man kann spüren, wie das Leben mit einem kommuniziert, wie es einen in eine bestimmte Richtung lenkt, damit die Seele die Erfahrungen machen kann, die sie benötigt, um den Seelenplan zu erfüllen. Was das zur Folge hat, ist logisch wie konsequent: Der Spalt zwischen arm und reich, zwischen dumm und intelligent und auch zwischen Materialismus und Spiritualität vergrößert sich rapide. Es trennt sich die Spreu vom Weizen, was sich in den nächsten Jahren auf allen Ebenen zeigen wird – politisch, kulturell sowie religiös und kriegerisch. Wer hierüber aufklärt oder anderen zeigt, wie sie dem Hamsterrad entfliehen können, wird zum Feind der Machthungrigen. Doch diese Angriffe nehmen Manfred Krames sowie meine Wenigkeit in Kauf. Wir alle, auch Sie, müssen daran arbeiten, das Bewusstsein anzuheben und andere aufzuwecken. Nur wenn sich global etwas ändert, hat die Menschheit eine Chance, haben wir alle eine Chance!

Die Bewussten müssen den weniger Bewussten die Augen öffnen, die Gesunden müssen den Kränkelnden helfen, und wenn wir alle einander unterstützen, aufklären und von Herzen heraus agieren, wir zu Brüdern werden, um die Worte Beethovens zu gebrauchen, dann wird die Polarisierung in der Gesellschaft aufhören.

Fakt ist auf jeden Fall: Der Mensch ist ein Produkt seiner Umwelt und der sozialen Einflüsse. Wer mit Handys und niveaulosem TV-Mist aufwächst, hat ein anderes Bewusstsein als die Vorgeneration, die uns fähige Politiker bescherte, darunter viele, die ihr Land im Kriegszustand erlebten.

Wenn Bewusstwerdung der Schlüssel aus der Misere und quasi die Lösung zu unseren Problemen ist – im Großen wie im Kleinen –, verstehe ich, warum die verrückte Welt, in der wir leben, alles daran setzt, damit sich unser Bewusstsein eben nicht anhebt. *„Der Teufel steckt im Detail"*, sagt der Volksmund. Die kleinsten Details bzw. Teile in unserer Umwelt sind die Pixel und Giga-Bites der digitalen Technik, mit der man uns so viele negative Informationen um die Ohren haut, dass der Blick für die Realität verloren geht. Nicht nur das: Erwachsene wie Jugendliche flüchten in die virtuelle Welt des Internets, weil sie die Probleme in der realen Welt nicht mehr aushalten.

All diese Faktoren, zusätzlich den vielen Anforderungen der Leistungsgesellschaft, reißt uns den Boden unter den Füßen weg, entwurzelt uns und raubt uns das, was wir am meisten bräuchten: Bewusstsein und höhere Wahrnehmung. Die Außenwelt setzt alles daran, damit wir von der Innenwelt, nämlich uns selbst, abgeschnitten sind. Die Regierenden in Berlin sind gleichfalls Opfer dieser Entwicklung. Wie kann da eine sinnvolle Politik entstehen zum Wohle aller?

Manfred Krames belässt es nicht bei seiner Feststellung, sondern präsentiert gleich noch eine Methodik, wie man das eigene Bewusstsein anheben kann: Achtsamkeit im täglichen Leben sowie eine Meditationsübung, beides mit dem Ziel, psychisch stabiler zu werden und der Angst zu trotzen, mit der man uns füttern will. Das ist wirklich notwenig – es wendet die Not ab und führt uns in die richtige Richtung, und zwar in die Richtung, die unsere Seele gehen möchte!

Im eigenen Umfeld erlebe ich immer wieder, dass Angst (nebst Ablenkungen) den Blick nach innen verhindert. Fakt ist, dass ich persönlich dank meiner inneren Stimme (oder dank einer höheren Führung) gute Menschen treffe und gute Lösungen finde. Den Zugang zu dieser Führung wünsche ich all meinen Lesern. Lassen Sie sich nicht verrückt machen von all den Krisen und verängstigenden Dingen, die da noch kommen werden. Bleiben Sie in Ihrer Mitte, bleiben Sie verankert und vertrauen Sie Ihrem Gespür. Sie werden es mehr brauchen als alles andere.

Manfred Krames danke ich für dieses wirklich erkenntnisreiche Büchlein und hoffe, dass er möglichst viele erreicht.

Ihr *Jan van Helsing*

Anleitung zur Glückseligkeit

Folgende Meditationspraxis hebt Ihr Bewusstsein schon nach wenigen Wochen an wie kaum etwas Vergleichbares – vorausgesetzt, Sie üben täglich. Es ist ratsam, einer Wand, einem Vorhang oder Ähnlichem gegenüberzusitzen, in einer Entfernung von 60 bis 90 Zentimetern. Besser nicht da, wo man einen weiten Blick hat. Das lenkt Sie ab. Suchen Sie sich einen Raum, der ruhig und ordentlich ist. Das Bett ist weniger ratsam, außer Sie sind krank.

Natürliche Geräusche wie die von Insekten, Vögeln oder fließendem Wasser stören nicht. Die nachteiligsten Laute sind die der menschlichen Stimme. Deshalb soll man sich als Anfänger einen Raum suchen, der von solchen Geräuschen abgelegen ist. Tragen Sie bequeme Kleidung. Übt man am Abend, so ist es besser, nicht schon den Pyjama zu tragen. Wenn der Raum zu hell ist, kann man einen dunklen Vorhang vors Fenster ziehen, und wenn es Nacht ist, kann man eine kleine Glühbirne brennen lassen. Ein dunkler Raum hat die gleiche Wirkung wie das Schließen der Augen: Er stumpft ab und macht schläfrig.

Für Berufstätige ist die beste Zeit morgens oder abends oder noch besser beides. Versuchen Sie, jeden Morgen zu üben, möglichst vor dem Frühstück, und abends kurz bevor Sie zu Bett gehen. Da es schwierig ist, mit vollem Magen zu üben, besser nicht unmittelbar nach einer Mahlzeit. Für Anfänger ist eine kurze Zeitspanne besser. Wenn Sie einen Monat lang täglich 5 bis 8 Minuten üben, wollen Sie die Dauer später freiwillig ausdehnen.

Es ist gut, beim Sitzen ein Papier zur Hand zu haben, da Einsichten in Ihrem Bewusstsein aufleuchten können und Sie denken: *„Das muss ich mir aufschreiben."* Beziehungen, die bislang unbegreiflich waren, werden plötzlich klar, und schwierige Probleme werden sich lösen. Wenn Sie sich solches nicht notieren, wird es Sie beunruhigen und Ihre Konzentration beeinträchtigen.

Die richtige Sitzposition

Legen Sie eine nicht zu weiche Polstermatte, etwa neunzig Zentimeter im Quadrat groß, auf den Boden und darauf ein kleineres rundes Kissen von etwa 30 cm Durchmesser, oder stattdessen ein quadratisches Kissen, das Sie in der Mitte falten. Wer das Sitzen mit verschränkten Beinen nicht gewöhnt ist, dem wird es schwer fallen.

Die Haltung im Knien kann man länger aushalten, wenn man ein Kissen zwischen die Fersen und das Gesäß legt oder, noch besser, im Knien auf einem festen Kissen sitzt.
Sollten sich jedoch diese Stellungen als schmerzhaft erweisen, so setzen Sie sich auf einen Stuhl. Hauptsache, der Rücken ist aufrecht und durchgestreckt und die Füße berühren ganzflächig den Boden.
Als nächstes legt man die rechte Hand mit der Handfläche nach oben in den Schoß und die linke, auch mit der Handfläche nach oben, in die Handfläche der rechten. Dabei berühren sich die Daumenspitzen leicht.
Beugen Sie sich nun nach vorn und drücken Sie dabei das Gesäß nach hinten. Dann wieder in die aufrechte Stellung. Der Kopf muss gerade gehalten werden. Wenn man die Augen schließt, fällt man in einen träumerischen Zustand. Also halb geöffnet, ohne den Blick auf etwas zu richten. Die Wirbelsäule muss jederzeit aufrecht sein! Jegliche Schwächung der Körperfunktionen wirkt sich auf den Geist aus. Achten Sie darauf, den Kopf aufrecht zu halten. Nun kann's losgehen.

Die Meditation

Holen Sie tief Atem, halten Sie ihn einen Augenblick an und atmen dann langsam wieder aus. Wiederholen Sie das, durch die Nase atmend, zwei- bis dreimal.
Zählen Sie nun die Atemzüge sowohl beim Einatmen wie auch beim Ausatmen. Wenn es einatmet, zählen Sie „eins", wenn es ausatmet „zwei" usw. bis zehn. Dann beginnen Sie wieder mit „eins" bis zehn und wiederholen das immer wieder.

Flüchtige Gedanken bilden kein Hindernis. Darüber sind sich viele nicht klar. Egal wie konzentriert Sie zählen, Sie werden immer wahrnehmen, was vor Ihnen liegt, da die Augen geöffnet sind und Geräusche um Sie herum gehört werden. Und da Ihr Gehirn nicht schläft, werden sich allerhand Gedanken in Ihrem Kopf tummeln. Aber sie bedeuten kein Problem, solange man ihnen nicht nachhängt, sie wertet oder sich an sie klammert oder, noch schlimmer, versucht, sie loszuwerden. Lassen Sie Gedanken kommen und gehen; liebäugeln Sie nicht damit, und versuchen Sie nicht, sie abzuweisen.
Lassen Sie sie wie Wolken am Himmel einfach vorüberziehen und bleiben Sie mit Ihrer Aufmerksamkeit beim Zählen der Atemzüge.

Was diese Übung mit Ihnen machen wird, ist so unglaublich, dass ich es besser nicht erwähne und sage nur: Probieren geht über studieren. Viele Europäer geben gerne damit an, regelmäßig zu meditieren und schauen dabei den Garten vor ihnen an oder sind mit ihren Gedanken beim Freund oder beim Abendessen. Meditieren hat nichts mit Tagträumen oder wegdösen zu tun. Es ist besser, nur kurze Zeit zu üben, dafür aber mit voller Aufmerksamkeit.

Noch etwas: Das Wort „Konzentration“ wird in Deutschland oft missverstanden als krampfhaftes Denken oder angestrengtes, gezwungenes Lenken der Aufmerksamkeit auf etwas, so wie bei einer schwierigen Mathe-Arbeit. Doch das ist hier fehl am Platz. Entspannte Achtsamkeit trifft hier eher zu. Wenn Sie bei „sieben“ angekommen sind, und ein Gedanke hält Sie auf, sodass Sie

„acht“ vergessen zu zählen, so gehen Sie auf „eins“ zurück, aber ärgern Sie sich nicht. Das würde die Achtsamkeit verkrampfen. Wissen Sie nur: *„Oh, ein Gedanke war da. Kein Problem.“* Lassen Sie ihn ziehen wie eine Wolke am Himmel.

Ich stelle immer wieder fest, dass viele Gedanken entstehen, wenn der Rücken nicht gerade durchgestreckt ist. Das Korrigieren der Haltung erhöht dann sofort wieder die Achtsamkeit. Bei der sog. Lotushaltung berühren nur die Knie den Boden bzw. das flache Kissen. Dies mag für Menschen vor 1.000 Jahren ideal gewesen sein, da sie mehr geerdet waren. Wer auf den Knien sitzt oder auf einem Stuhl, hat mehr Kontakt zur Erde, weil mehr Körperfläche Berührung hat. Das erzeugt ein Gefühl von „geerdet sein“ und ist zu empfehlen.

Wenn Sie fertig sind, bitte nicht gleich aufspringen, sondern verweilen Sie noch kurze Zeit in der Position, drehen Ihren Körper mehrere Male nach links und rechts, beugen sich nach vorne und hinten, massieren eventuell die Beine kurz, und dann kommen Sie langsam in den Alltag zurück. Erwarten Sie nichts und arbeiten Sie keinesfalls auf ein Ziel hin. Die Wirkung tritt automatisch ein.

Wer nähere Informationen und detaillierte Anleitung benötigt, dem empfehle ich das Buch »Die drei Pfeiler des Zen«, von Philip Kapleau, der diese Technik, ebenso wie ich, in Japan erlernt hatte, direkt von einem Zen-Meister. Zen hat nichts mit Religion zu tun.

Anmerkung zur Wirkung

Wer beharrlich zwei Wochen lang täglich übt, stellt Fortschritte fest. Einige berichteten, ihr Schlaf habe sich gebessert, die innere Unruhe sei weg, die Psyche habe sich stabilisiert. Fakt ist, dass sich das Bewusstsein INSGESAMT ändert, nicht nur in Bezug auf die Atmung. Einige berichteten, ein Tagebuch zugelegt und ihre Fortschritte darin notiert zu haben. Das kann ich – unabhängig vom Meditieren – jedem empfehlen. Das Niederschreiben hat eine andere Wirkung als das Tippen am PC mit Korrekturtaste. Ich lege Ihnen ans Herz, öfter mal Briefe an Großeltern, Freunde oder wen auch immer zu schreiben. Oder schreiben Sie Ihr Problem auf Papier, falten es mehrmals und legen es vor eine Kerze, mit der Bitte an Ihren Schutzengel, er möge es lösen. Am nächsten Tag verbrennen Sie es. Es hat bei einigen tatsächlich funktioniert.

Noch etwas: Corona oder Putins Krieg sind nicht die letzten Krisen. In dem Augenblick, in dem wir von Angst ergriffen sind, machen wir Fehler und laufen in die falsche Richtung. Nehmen Sie die obige Übung (oder eine andere Ihrer Wahl), um bei sich zu bleiben. Bleiben Sie ruhig und bewusst, komme was wolle! Nur so sind Sie gewappnet.

Die Übung schärft ferner Ihre Antenne und lässt bei Manipulationsversuchen die Alarmanlage angehen. Das Wichtigste aber ist, dass es hilft, Ihre Mitte wiederzufinden. Sie werden mehr geerdet sein und lernen, Ihrem Gespür zu vertrauen. Das alleine ist schon enorm viel wert. **Fangen Sie an! Jetzt gleich!**

Über den Autor

- Zwei Jahre Studium buddhistischer und orientalischer Philosophie in Japan
- Ausbildung zum Shiatsu-Therapeut (TCM) an einer Tokioter Privatschule
- Beitritt zur Japan Research Society for Ayurveda, unter Prof. Dr. Ben Hatai
- Unterricht in Ayurveda von Dr. U. K. Krishna (Gujarat Ayurved University)
- Leiter einer Ayurveda-Klinik in Japan, später einer Kuranlage auf Sri Lanka
- Gründung einer Akademie für alternative Heilverfahren in Karlsruhe und
- gleichzeitig Leiter des Ayurveda-Centers Baden-Baden, größtes in Süddeutschland
- Lehrtätigkeit in Indien, Sri Lanka, Japan, Kanada, Lettland u. a. Universitäten
- Einladung des thailändischen Botschafters, Ayurveda in Thailand zu verbreiten
- Auszeichnung als Professor h. c. durch die Open University of Colombo
- 3 Jahre Lehrtätigkeit (Psychosomatik) in Tokio auf Einladung von Dr. Furuya

Weitere Werke des Autors

- »Geistwesen – und ihr Einfluss auf unser Leben«, Amadeus Verlag, 2023
- »Beethovens Neunte und der Schrei nach Liebe«, Artha Verlag
- »Harmonisch ausgeglichen durch Ayurveda«, URANIA Verlag (Bestseller)
- »Die Wahrheit über Ayurveda«, Eigenpublikation
- »Das ist Ayurveda«, Lehrbuch, Artha Verlag
- »Photo Meditation« (Bildband mit buddhistischen Weisheiten), Interspa Publications,
- »Ayurveda – path to eternal bliss«, Gazelle Books, Great Britain
- »Ayurveda Pocket Guide«, Gazelle Books, GB
- »Buddhas geheime Botschaft«, kritisches Buch über den Buddhismus, Artha Verlag
- »Das ist Ayurveda« – Lehrfilm von 1 Std. über den med. Aspekt (DVD), Artha Verlag
- 3 Bücher über Psychosomatik auf Japanisch sowie »Das Vata-Syndrom«, ML-Verlag
- Weitere Titel, darunter ein Buch über die Zunahme allergischer, koronarer und psychosomatischer Krankheiten, sind auf Thailändisch und Japanisch erschienen.

Zur Zeit Leiter der „Praxis für seelische Gesundheit“ Trier sowie Ausbilder für Heilpraktikerverbände.

Buchen Sie eine ganzheitliche Beratung mit dem Autor

Wer wissen will, ob er auf dem richtigen Weg zu seiner Erfüllung und Aufgabe im Leben ist, kann mich kontaktieren über die E-Mail-Adresse: **Vata.Syndrom@gmail.com**

Für die telefonische Beratung wird ein Foto benötigt zwecks Gesichts- und Aura-Analyse. Bei Skype- oder WhatsApp-Videoanruf hat man Blickkontakt. Ich werde Ihre Hobbys, Ess- und Schafgewohnheiten abfragen, wie auch Ihre sportlichen und beruflichen Interessen, nebst Anfälligkeiten gegen Erkrankungen, Ihren Tagesrhythmus, Energie- und Stresslevel, Ihre Wünsche und Probleme, damit ich Ihre einzigartige Natur kennenlerne.

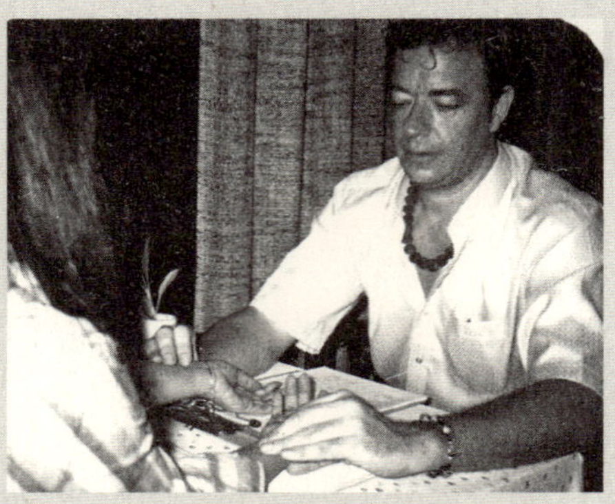

Am Ende sage ich Ihnen, mit welchen gesundheitlichen Problemen Sie zu tun haben oder zukünftig zu tun haben werden. Ratschläge zu Ernährung, Entspannung, Anti-Stress-Programmen, Einschlafhilfen, Selbstanwendungen, Therapievorschlägen, Meditationsübungen und dergleichen sind Teil des Pakets, es ist alles speziell auf Sie abgestimmt, also individuell. Es geht um

Glück in Beruf und Partnerschaft sowie um Gesundheit allgemein. Die Beratung dauert in der Regel zirka eine Stunde. Daneben gibt es die Möglichkeit eines kurzen Kennenlerngesprächs, was ich kostengünstig anbiete.

Haben Sie Mut zur Kontaktaufnahme. Und teilen Sie mir die für Sie günstigen Wochentage und Uhrzeiten gleich mit, was die Terminlegung oder den Rückruf vereinfacht.

Ich freue mich auf ein persönliches Kennenlernen und verbleibe herzlich grüßend

Ihr

Prof. h. c. Manfred Krames

Achtsamkeits-Seminar in Baden-Baden und Japan mit dem Autor

Wer sich eine Woche Auszeit inkl. Achtsamkeitstraining in Baden-Baden gönnen will, schreibe mir bitte an folgende E-Mail-Adresse: **Vata.Syndrom@gmail.com**
Dazu das Stichwort „Achtsamkeits-Info“. Es findet statt im Kloster Lichtenthal, das sehr verkehrsgünstig liegt.
Zweimal pro Jahr findet auch ein dreiwöchiges Achtsamkeitstraining in Japan statt, in einem buddhistischen Zen-Kloster, inkl. Zertifikat und der Möglichkeit, andere zu unterweisen. Preise und Infos erhalten Sie über dieselbe E-Mail Adresse wie oben.

Literatur- und Quellennachweis

(1) www.statistica.com
(2) Gerd Schultze-Rhonhof, »Der Krieg, der viele Väter hatte«, Kopp-Verlag
(3) Manfred Krames, »Das Vata Syndrom«
(4) Ipsos.com
(5) Dr. Martin Spitzer, »Digitale Demenz – Wie wir uns und unsere Kinder um den Verstand bringen«, Droemer
(6) Tagesschau vom 19.4.2022
(7) www.welt.de/gesundheit/article137612666/Bundesamt-warnt-Schulen-vor-WLAN-Netzen.html
www.praxisvita.de/internet-schuld-konzentrationsstoerungen-bei-kindern-9818.html
www.swr.de/swr2/wissen/elektrosmog-krankheit,broadcastcontrib-swr-15544.html
www.telekom.de/hilfe/downloads/kurzbedienungsanleitung-speedport-smart.pdf
www.openpetition.de
(8) Peter Brors, 30.12.2005

Bildquellen

(1) https://pixabay.com/photos/buddha-pray-figure-stone-temple-2909937/
(2) By Skyring – Own work, CC BY-SA 4.0 https://commons.wikimedia.org/w/index.php?curid=64170779
(3) Masami Sato
(4) https://computerhoy.com/noticias/life/salvaje-historia-como-medico-consiguio-robar-cerebro-albert-einstein-1149239
(5) https://commons.wikimedia.org/wiki/File:Adam_and_Eve,_Sistine_Chapel.jpg
(6) Screenshot: www.youtube.com/watch?v=GFFy3YHXmd4
(7) https://de.wikipedia.org/wiki/Konrad_Adenauer
(8) https://de.wikipedia.org/wiki/Helmut_Schmidt
(9) https://de.wikipedia.org/wiki/John_F._Kennedy
(10) https://de.m.wikipedia.org/wiki/Intimrasur
(11) Indien 1: Privatarchiv Manfred Krames
(12) Indien 2: Privatarchiv Manfred Krames
(13) https://pixabay.com/de/photos/affe-bewerbung-schulung-business-2710660/
(14) Tafel: www.pixelio.de/media/303089
(15) https://de.m.wikipedia.org/wiki/Max_und_Moritz
(16) Meditationsbild 1: Manfred Krames
(17) Meditationsbild 2: Manfred Krames
(18) Manfred Krames
(19) Manfred Krames
(20) https://pixabay.com/de/photos/kambodscha-religion-buddha-1067539

GEISTWESEN

Prof. h. c. Manfred Krames

Können Sie sich vorstellen, dass 80% aller Depressionen und 90% aller Selbstmorde von geistigen Fremdwesen bzw. Besetzungen ausgelöst werden? So die Erkenntnis des erfolgreichen amerikanischen Psychiaters Dr. Wickland im vorigen Jahrhundert. Gleich vorab sei angemerkt, dass Prof. Krames kein Esoteriker ist, und auch von okkulten, mystischen oder spiritistischen Dingen hält er nichts. Als allerdings seine Frau begann, Nacht für Nacht mit Verstorbenen zu sprechen, wurde er wider Willen in die Welt der Fremdwesen eingeführt. Unglaubliche Zufälle und Fügungen führten ihn zu hellsichtigen Mönchen und Geistheilern der Weltklasse. Im Laufe seiner therapeutischen Tätigkeit lernte er, dass Süchte, Psychosen, Depressionen und Selbstmorde fast immer von Geistwesen ausgelöst werden. Bestätigt werden die Erkenntnisse durch Aussagen bzw. Erfahrungen namhafter Psychologen. Doch der Autor geht weit über psychologische Aspekte hinaus und befasst sich mit der Frage, welche Einwirkungen aus dem Jenseits bzw. aus der geistigen Welt es wirklich gibt.

ISBN 978-3-98562-007-4 • 21,00 Euro

FREIHEITSMÖRDER

Antonio Messina Hamid Yousefi

Wir befinden uns in einer Endschlacht um die kommende Neue Weltordnung, welche die bestehende Gehege-Demokratie mit ihren Herrschaftsinstrumentarien Gehege-Freiheit und Gehege-Menschenrechten ablösen wird. Wieso „Gehege"? Weil wir uns, ähnlich einem Freiluftgefängnis, in einer Situation befinden, in der man uns glauben lässt, wir wären freie Wesen mit einem freien Wählerwillen sowie Meinungsfreiheit, doch dem ist nicht so. Eingelullt durch die Systemmedien, durch Politiker, die eher einer „Atlantik-Brücke" verpflichtet sind als dem eigenen Volk, sowie die permanente Ablenkung von den wirklich wesentlichen Ereignissen im Hintergrund des Weltgeschehens, fällt fast keinem auf, dass man den Bürger in eine bestimmte, vorgegebene Richtung lenkt. Wer die Deutungshoheit des Mainstreams infrage stellt, wird sofort diffamiert und ausgegrenzt – etwas, das in den letzten Jahren Millionen Menschen am eigenen Leib erfahren durften. Wer die Vorgehensweise der Politik während der Corona-Zeit infrage stellte oder Putin nicht als das abgrundtief Böse erkennen möchte, wird wie ein Aussätziger behandelt. Die Politik des Fuchses im Hühnerstall, die Schnuller verteilt, um gefügig zu machen, ist obsolet geworden.

ISBN 978-3-98562-009-8 • 21,00 Euro

WENN DAS DIE PATIENTEN WÜSSTEN

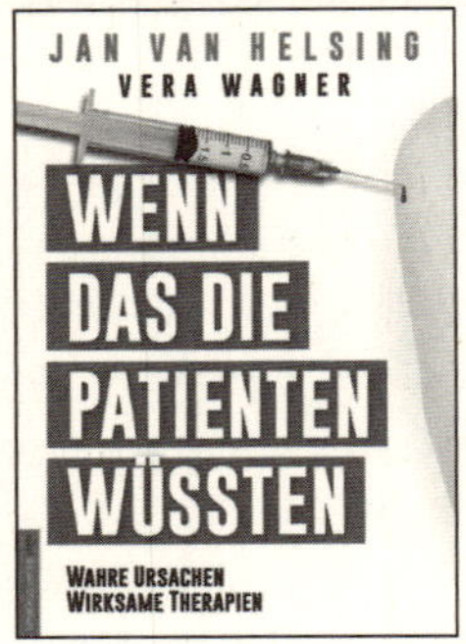

Vera Wagner   Jan van Helsing

Geld oder Gesundheit? Mensch oder Fallpauschale? Worum geht es in unserem Gesundheits-System? Warum sterben immer noch unendlich viele Menschen elend an Krebs, der Krankheit, deren konventionelle Behandlung horrende Summen verschlingt? Weil die wahren Ursachen das medizinische Establishment nur selten interessieren. Weil es bei der konventionellen Krebstherapie nicht um Heilung, sondern ums Geld geht, das ist die perfide Regel, nach der dieses System funktioniert. Bestimmte Dinge laufen nach dem immer gleichen Prinzip ab: Jemand entdeckt eine Krankheitsursache oder entwickelt eine vielversprechende Heilmethode, das Wissenschafts-Establishment will nichts davon wissen. Den Patienten bleibt nichts anderes übrig, als sich selbst auf die Suche zu machen nach wahren Ursachen und wahren Heilern. Sie finden sie oft in einer Welt jenseits des medizinischen Mainstreams, einer Welt, in der von Schulmedizinern aufgegebene Patienten die Chance auf ein zweites Leben bekommen.

ISBN 978-3-938656-75-4 • 25,00 Euro

KREBS UND ANDERE SCHWERE KRANKHEITEN...

Chris Patron

Mit den Informationen in diesem Buch halten Sie den Schlüssel für eine dauerhafte Gesundheit in Ihren Händen! Sie werden verstehen, warum Sie erkrankt sind und wie Sie ein für alle Mal wieder vollständig gesunden und gesund bleiben, gleich wie schwer Sie auch erkrankt sein mögen. Sie werden verstehen lernen, was die wirklichen Ursachen für Krankheit sind, und dass Krankheit nicht gottgegeben ist, sondern einzig und allein durch Sie, durch Ihr Verhalten oder Ihre Lebensumstände entsteht, begünstigt oder verursacht wird, mit der Ausnahme angeborener Schäden. Sie müssen verinnerlichen und akzeptieren, dass SIE allein die Ursache Ihres körperlichen Zustandes sind, niemand sonst!

Doch so brutal und direkt diese Feststellung auch sein mag, so POSITIV ist sie im Umkehrschluss, denn was nicht gottgegeben ist (Gott kennt keine Krankheiten), sondern allein durch Sie verursacht ist, können auch SIE wieder korrigieren!!! Am Ende dieses Buches werden Sie erleichtert aufatmen, und ein befreiendes Glücksgefühl wird sich einstellen, denn aus der Hoffnung wird Gewissheit geworden sein, Sie haben wieder eine Zukunft. Jede auch noch so schwere Krankheit ist heilbar!

ISBN 978-398562-000-5 • 44,00 Euro

ISS ODER STIRB

Vera Wagner

Von der Wiege bis zum Pflegebett, von der Babymilch bis zum Menü im Heim: Big Food konditioniert unseren Geschmack. Macht uns krank mit Zucker, Salz und Fett. Vergiftet uns mit toxischen Zusätzen und in High-Tech-Laboren zusammengebrauten Aromen. Und bringt damit viele Menschen ins Grab. Die Nahrung ist für die meisten Todesopfer weltweit verantwortlich, sagt die WHO – und kollaboriert hinter den Kulissen mit den Food-Konzernen. Diejenigen, die Ernährung kontrollieren müssten, haben die Kontrolle abgegeben. Früher wäre es strafbar gewesen, Erdbeergeschmack aus Sägespänen herzustellen. Heute ist es legal.
Die Zeit des Umbruchs ist gekommen, auch beim Thema Ernährung. Ernährungswissenschaftler fordern: Der Grad der industriellen Verarbeitung sollte auf Produkten angegeben werden. Doch wie lange wird es dauern, bis das umgesetzt ist? Sie haben nur eine Chance: Sie müssen die Sache selbst in die Hand nehmen!

ISBN 978-3-938656-57-3 • 24,00 Euro

HANDBUCH FÜR GÖTTER

Jan van Helsing

Egal, was die Illuminaten vorhaben, was ist DEIN Plan?

In diesem Buch spricht Jan van Helsing, der bereits im August 2019 über den Corona-Plan informiert war, mit Johannes, einem Hellsichtigen, der sozusagen einen guten „Draht nach oben" hat. Beide gehen der Frage nach, wieso die Mächtigen dieser Welt – die Illuminaten –, die hinter all diesen Szenarien stecken, eine solche Angst haben, dass ihre Machenschaften auffliegen, dass sie deswegen Videos, Bücher sowie Menschen auf dem gesamten Globus zensieren. Wovor haben sie Angst? Die Illuminaten kennen ein Geheimnis, das sie ganz schnell ihrer eigenen Macht berau-ben würde – hätten die Menschen Kenntnis davon. Es ist etwas, das in jedem von uns verbor-gen ist, weshalb man uns durch eine gigantische Ablenkungsindustrie davon abhält, uns auf die Suche nach diesem Geheimnis zu machen. Das „Handbuch für Götter" zeigt Möglichkeiten auf, wie jeder Einzelne diese Kraft entdecken und im täglichen Leben zum Einsatz bringen kann.

ISBN 978-3-938656-64-8 • 21,00 Euro

HÄNDE WEG VON DIESEM BUCH!

Jan van Helsing

Sie werden sich sicherlich fragen, wieso Sie dieses Buch nicht in die Hand nehmen sollen. Handelt es sich hierbei nur um eine clevere Werbestrategie? Nein, der Rat: **„Hände weg von diesem Buch!"** ist ernst gemeint. Denn nach diesem Buch wird es nicht leicht für Sie sein, so weiterzuleben wie bisher. Heute könnten Sie möglicherweise noch denken: *„Das hatte mir ja keiner gesagt, woher hätte ich denn das auch wissen sollen?"* Heute können Sie vielleicht auch noch meinen, dass Sie als Einzelperson sowieso nichts zu melden haben und nichts verändern können. Nach diesem Buch ist es mit dieser Sichtweise jedoch vorbei! Sollten Sie ein Mensch sein, den Geheimnisse nicht interessieren, der nie den Wunsch nach innerem und äußerem Reichtum verspürt hat, der sich um Erfolg und Gesundheit keine Gedanken macht, dann ist es besser, wenn Sie den gut gemeinten Rat befolgen und Ihre Finger von diesem Buch lassen.

ISBN 978-3-9807106-8-8 • 21,00 Euro

DIE KINDER DES NEUEN JAHRTAUSENDS

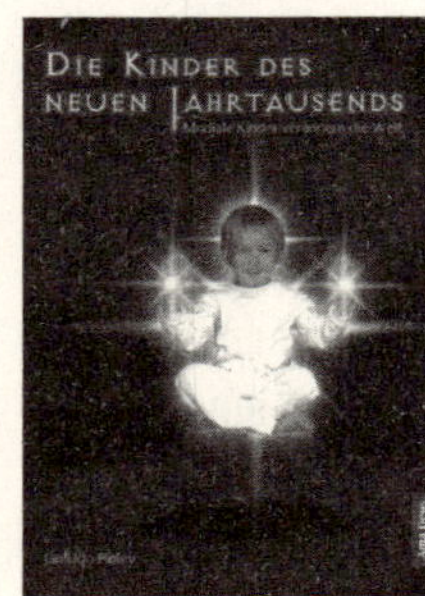

Jan van Helsing

Mediale Kinder verändern die Welt!

Der dreizehnjährige Lorenz sieht seinen verstorbenen Großvater, spricht mit ihm und gibt dessen Hinweise aus dem Jenseits an andere weiter. Kevin kommt ins Bett der Eltern gekrochen und erzählt, dass *„der große Engel wieder am Bett stand"*. Peter ist neun und kann nicht nur die Aura um Lebewesen sehen, sondern auch die Gedanken anderer Menschen lesen. Vladimir liest aus verschlossenen Büchern, und sein Bruder Sergej verbiegt Löffel durch Gedankenkraft.

Ausnahmen, meinen Sie, ein Kind unter tausend, das solche Begabungen hat? Nein, keinesfalls! Wie der Autor in diesem, durch viele Fallbeispiele belebten Buch aufzeigt, schlummern in allen Kindern solche und viele andere Talente, die jedoch überwiegend durch falsche Religions- und Erziehungssysteme, aber auch durch Unachtsamkeit oder fehlende Kenntnis der Eltern übersehen oder gar verdrängt werden. Und das Spannendste an dieser Tatsache ist, dass nicht nur die Anzahl der medial geborenen Kinder enorm steigt, sondern sich auch ihre Fähigkeiten verstärken. Was hat es damit auf sich?

Lauschen wir den spannenden und faszinierenden Berichten über mediale Kinder aus aller Welt.

ISBN 978-3-9807106-4-0 • 23,30 Euro

DER GOLDENE BLICK

Sabine zur Nedden, Simone Alz

Wie Du Dein Leben noch nie betrachtet hast

Ohne zu ahnen, was ihn erwartet, besucht Herr Mensch die Praxis von Dr. Augenblick und wird in eine geheime Methode eingeweiht, die seinem Leben eine völlig neue Richtung gibt: DER GOLDENE BLICK.
Mit seiner ergreifenden Geschichte eröffnet uns Herr Mensch hier dieses Geheimnis und erzählt, wie er sich selbst, seinen Alltag und das Leben komplett neu zu betrachten lernt. Was mit der Suche nach Antworten begann, wird zur persönlichen Transformation. Wie Sie hautnah erleben können, wird man auf eine sonderbare Weise in diese ungewöhnlichen Dialoge tief und wirksam miteinbezogen. Und so geht all das, was Herr Mensch mit Hilfe seines Meisters erkennt und erfährt, unmittelbar auf den Leser selbst über.

ISBN 978-3-938656-93-8 • 21,00 Euro

MEIN SEELENKOMPASS

Angelika Moser

Das innere Licht zeigt mir den Weg

Als Heilpraktikerin für Psychotherapie und Psychologische Beraterin geht es Angelika Moser vor allem darum, die vielen kleinen Irrtümer aufzuzeigen, die unser Leben behindern. Eine Vielzahl körperlicher Leiden entsteht durch die Unwissenheit, dass der seelische Hintergrund und die oft unzähligen Blockaden dafür mitverantwortlich sind. Wenn wir aber unseren Fokus, unser Licht, dorthin ausrichten und uns darauf einlassen, dass unter der Oberfläche schwieriger Lebensumstände eine alles umfassende Liebe zu unserem höchsten Wohle arbeitet, kann uns das von krankmachenden Beeinträchtigungen befreien. Angelika Moser weist auf die verschiedenen Möglichkeiten und Kraftquellen hin, die uns den Weg aus unseren Behinderungen zeigen. Sie legt in ihre Zeilen mit ihrem Einfühlungsvermögen tiefe Weisheiten, die durch besinnliches Lesen wirken und verinnerlicht werden können. Damit das Licht, die Liebe und der Frieden am Übergang zum Goldenen Zeitalter wirklich die Oberhand gewinnen können, wird es unumgänglich sein, die eigenen Blockaden, Muster und Überzeugungen sowie die unliebsamen Machenschaften in vielen Lebensbereichen zu transformieren.

ISBN 978-3-938656-91-4 • 14,80 Euro

SELBSTHEILKRAFT

Klaus Medicus

Die Schlüssel zur Entfaltung höchster Potentiale gesundheitlich – psychisch – spirituell

»Selbst-Heilkraft« ist das innovative Praxisbuch eines wirklichen Medicus unserer Zeit, das sich mit Leichtigkeit über künstlich gesetzte Grenzen klassischer Medizin, konventioneller spiritueller Leitfäden und des herkömmlichen Denkens hinwegsetzt. Wir sind frei, eine Revolution des Geistes zu erleben, mit der wir die Fesseln alltäglicher Propaganda hinsichtlich Gesundheit, Spiritualität, Gesellschaft, Umwelt und Politik sprengen. In jedem Menschen liegt ungeahntes Potential eigener Schöpferkraft verborgen, das es zu entdecken gilt. Der Medicus nimmt seine Leser mit auf eine faszinierende Reise in Weiten menschlichen Bewusstseins, auf der sich durch die Aktivierung der Zirbeldrüse Zugänge ins universelle Quantenfeld öffnen und die Kraft erlebter Gegenwärtigkeit direkt erfahrbar wird.

ISBN 978-3-938656-74-7 • 21,00 Euro

GIFTDEPONIE MENSCH

Katja Kutza

Der ungewöhnliche Heilungsweg einer Amalgamvergiftung…

„Sie sind austherapiert. Wir können keine körperlichen Erkrankungen bei Ihnen feststellen und vermuten eine psychische Störung." Das waren die Worte, mit denen Katja Kutza aus den meisten schulmedizinischen Praxen entlassen wurde. Am Ende eines langen Leidensweges stand die Autorin mit einem nicht mehr funktionieren wollenden Körper und allein gelassen von Ärzten vor den Trümmern ihres einst glücklichen Lebens. Völlig verzweifelt an diesem Punkt angekommen, bekam ihr Leben endlich eine glückliche Wende. Nicht nur ihre Grunderkrankung – eine Amalgamvergiftung – wurde aufgedeckt, auch spirituelle, geistige und energetische Heilsysteme ebneten ihr den Heilungsweg. Auf diesem Weg zurück in ihr Leben machte sie zahlreiche wichtige Erfahrungen, die sie immer zuerst zu hundert Prozent am eigenen Leib spürte und erfuhr, um dann einen optimalen Genesungs- bzw. Lösungsweg zu erfahren. Ihr daraus entstandenes Wissen, ihre spannende Lebensgeschichte und ihre Erfahrungen auf körperlicher, geistiger und seelischer Ebene gibt sie in ihrem Buch völlig authentisch und ehrlich weiter, bietet Hilfe zur Selbsthilfe und macht Mut, niemals aufzugeben und offen zu sein, ungewöhnliche Wege zu gehen.

ISBN 978-3-938656-47-1 • 21,00 Euro

WISSEN IST MACHT

Dr. Dinero Jan van Helsing

Wenn Dir Dein Leben nicht passt, dann glaub doch was anderes! *„Das würde ich ja gerne, aber ich kann es einfach nicht.“*, sagen viele. In diesem Buch erfahren Sie, wie Sie Ihren Glauben und Ihr Sein machtvoll verändern können. Zu wissen, wie man das macht, ist Macht. Das wissen auch die Mächtigen in Politik und Wirtschaft sowie in den Massenmedien, z.B. in Hollywood. Wer die Mechanismen kennt, kann sie anwenden – manipulativ oder befreiend. Man kann ganze Völker für einen Krieg begeistern, Menschen weltweit dazu bringen, sich „impfen“ zu lassen oder auf Grundbedürfnisse des täglichen Lebens zu verzichten. Ja, man kann sogar einem Jungen einreden, dass er ein Mädchen ist... Das ist wahre Macht! Dr. Dinero zeigt in diesem Buch, welches diese Mechanismen sind und erklärt, wie Sie selbst diese konstruktiv anwenden können – sei es in beruflichen Situationen, bei Partnerschaftsproblemen oder auch bei Geldangelegenheiten.

ISBN 978-398562-888-9 • 25,00 Euro

WIR SIND VIELE

Birgit Schachner

WIR SIND VIELE ist ein Zeitdokument der aktuellen Aufbruchstimmung. Politisch – spirituell – transformierend. Der Weckruf lautet: Öffne die Augen und wach aus deinem persönlichen Traum(a) auf! Schnall dich dafür lieber an, denn deine Komfortzone wird dabei nicht betreut, sondern landet per Schleudersitz direkt auf dem Schoß vom lieben Gott. Die Lektüre führt dich radikal aus Angst und Abhängigkeit in die echte Freiheit. Deine Begleiterin, eine spirituelle Revoluzzerin, sorgt auf lebendige Weise dafür, dass dir auf dieser spannenden Zeitreise nicht langweilig wird. Im Buch findest du praktische und konkrete Hinweise, was du wirklich tun kannst. Und am Ende landest du mit einem Koffer voller Mut und neuer Ideen in einem Paralleluniversum, wo WIR schon alle auf DICH warten.

ISBN 978-3-98562-011-1 • 21,00 Euro

Zur Zeit des Gautama Buddha wanderten viele selbsternannte heilige Lehrer und Priester durchs Land und boten ihre Lehren und Prinzipien jedem an, der zuhörte. Wie man einen authentischen Lehrer von einem Scharlatan unterscheiden könne, wurde Buddha einst gefragt. Der Überlieferung nach gab er die Antwort auf einer seiner vielen Reisen.

Wir haben sie auf der gegenüberliegenden Seite abgedruckt, damit Sie diese, falls Sie möchten, herausschneiden (vorsichtig bitte!) und aufhängen können.

„Glaube nichts, nur weil Du es gehört hast. Glaube nichts, nur weil es von vielen gesprochen und gemunkelt wird. Glaube an nichts, nur weil es in religiösen Büchern geschrieben steht. Glaube an nichts nur aufgrund der Autorität der Lehrer und Redner. Glaube nicht an Traditionen (Ansichten), weil sie über viele Generationen weitergegeben wurden.

Aber nach Beobachtung und gründlicher Analyse, wenn Du feststellst und erfahren hast, dass irgendetwas mit der Vernunft übereinstimmt und dem Wohl und Nutzen aller zuträglich ist, dann akzeptiere es und lebe danach.“

Aus »Gefährliche Intelligenz« von Manfred Krames, Amadeus Verlag